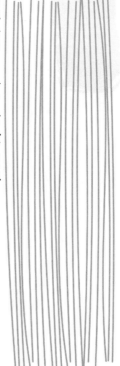

翻轉思維的人生學程

鄧傑成

推薦序

出自香港，走入世界

陳培哲　中央研究院院士

和作者認識的機緣，其實是緣由於 COVID-19 大流行。

二〇二〇年初病毒開始在世界各地肆虐，台灣因為邊境嚴格管制擋住了第一波疫情。但是病毒遲早會進入台灣，所以在二〇二〇年底，我們辦了一個研討會，邀請能進行大規模快速的核酸自動檢驗的產業代表一起開會，商討如何能夠及時建立這方面的檢測能力，以因應未來的疫情。當時，傑成以國際企業的總經理親自出席，說明企業的願景，以及能夠協助台灣的能力。我對他的報告印象深刻，尤其感受到他的投入與熱情。

二〇二一年，世界各地都在搶購 COVID-19 的核酸檢驗自動檢驗設備，供需很不平衡，台灣能夠取得足量的設備裝置完成，傑成在幕後一定進行了非常多的協調，努力爭取，才能解決供應鏈問題。就此我也要表達感謝之意。這同時也顯示了作者是個使命必達、卓越的專業經理人。更難得的，他願意把自己成長學習的經歷，親筆寫下來，給台灣年輕的一代閱讀了解，更是對台灣的另一個重要的貢獻。

在這本書裡，傑成敘述了他在香港原居民傳統大家庭的童年和小學，之後進入現代的中學。有種從傳統社會，轉入工商業社會的變化，接著講到他考試申請，原來是進入香港最好的大學的某個環境科學系，但是同時他也取得新創立的香港科技大學的入學許可。他自己參觀過香港科技大學，發現這是一個新興蓬勃的新機構，又有良好的學習條件，因此他捨棄老牌大學的光環，選擇進入新的科技大學，在那裡自由的學習。

大學畢業前，他面臨兩個選擇。第一個是參加香港行政官員的口試跟面試，錄取後，就有一生安穩的公務員工作。第二個是繼續升學，到英國劍橋大學讀碩士。後來第一條路徑沒有成功，他就走向第二條。

除了專業的學習，他在劍橋大學各種學院，幾百年學術卓越學術傳統的薰陶下，自我成長，更認識了無數跨領域的好朋友，還有導師。傑成就和幾位朋友創立新的新創企業，搭上當年 .com 的創業風潮。但是經過一年多的努力，在歐洲和香港無法尋找投資人和發展市場，最終還是畫下句點。

藉由這個過程，他了解到新創企業要成功，需要廣闊的商業管理能力。所以傑成因此加入香港最大的產業，從內部學習開始。他也爭取到實習生的計畫，到歐洲德國美國舊金山等等，在職業輪換環境，了解世界各國社會產業的差異跟挑戰。後來也到上海，參與蛻變中的大陸經濟工程。

這中間他不斷地學習，還有探索自己的夢想跟目標。最後他希望成為一個跨國產業的總經理。懷抱著這個目標，了解他們的任務、願景、執行運作的方式。在大陸做了很多具體的成果。之後成為台灣分支機構的總經理，剛好碰上

COVID-19的考驗。他把這個危機變成事業的轉機，擴展了事業和業務內容，也幫助台灣社會有能力度過這次疫情。

更難得的是，傑成在這幾年間，生活在台灣，住在天母，徜徉在磺溪，帶領了台灣的年輕團隊一起工作。中間頗有感觸，願意把自己成長學習的經歷，撰寫下來，希望讓台灣的年輕人了解，或許可以幫助他們成就自己。另外，在每個章節的最後，都整理出摘要，寫下他覺得在生命的每個階段，所學習到最重要的經驗。讀者自然可以從這裡看到他想表達的中心意念。

對我而言，哪一點是與台灣現在年輕人的教育成長差異最大，而且最重要呢？從傑成念大學的決定為例，他選擇了一個新成立充滿朝氣和挑戰的大學，而非一個百年傳統的大學。這個決定，對於台灣大多數的年輕人，可能都非常不容易。從這裡可以看出來傑成生涯最重要的特質。就是在轉捩點由自己負責，獨立決定。這個認真看待生命的態度，不斷地顯現在他的生涯轉換，或是人生選擇上。在決定的時刻，他會廣泛聽取前輩的忠告，但是關鍵在於他做了充分的學習準備，還有承擔困難與失敗的勇氣，自己選擇：要念哪一個大學；在劍橋要做哪一個博士題目，畢業後是不是要創業，或是要成為跨國企業的總經理。在在浮現這個特質。

出身自香港的他，儘管身處世界各地都可以怡然地工作，也能欣賞和融入各國的文化。然後達成他自己的夢想目標。「我家江水初發源，宦遊直送江入海」，或許培養這樣獨立、自信的精神／態度，可以提供給台灣年輕世代迎向世界時，一個指引，一種啟發。

推薦序

翻轉人生思維的勇氣、努力與智慧

林丕容　大學及太學眼科創辦人
博客來數位科技公司董事長

本書不僅是作者 Kit 鄧總經理的人生成長經歷真誠生動敘述，更是其所處大時代背景的全球各地區文化與發展的寫照。更是透過其經驗分享，年輕人可獲得很棒的啟發和激勵。

讀者可由其人生起源與歷練中體會到寶貴的經驗。自香港原居民八百年傳承中基層住民之子，努力克服挫折奮鬥至全球學術殿堂英國劍橋大學博士。首次新創公司的理想迷茫與失敗、受邀參加華人首富家族公司的滿意至不甘蟄伏、再次創業的浪漫熱情與期待失落、前輩導師的啟發和抉擇加入全球百大跨國企業之全球實習與兩岸三地歷練，終於成為台灣區的總經理並帶領團隊協助台灣共度世紀大疫情的嚴重挑戰，獲得優異的表現而獲晉升至全球十大市場的韓國子公司總經理。

書中描述文如其人，和我一見如故的鄧總一樣，溫文儒雅的風格，貫穿全書氛圍，然而卻不失其激勵自我，翻轉人生思維的勇氣、努力與智慧，其自身經歷給人多方面的啟發與激勵。

目錄

七、行塑未來：下一個十年

自序
我是誰？

香港，一個國際化的城市，誰想到在這裡坐落了一個八百年歷史的原居民聚居地？身為一名原居民，我在鄉村出生和度過童年生活。成長後，一路跌跌撞撞，考進了同樣擁有八百年歷史的英國劍橋大學；隨後，初創失敗，工作上兜兜轉轉，在經歷過失意和迷茫之後，決心從基層做起，到現在成為全球市值百大的跨國企業的台灣分公司總經理。

我熱愛這份工作，是因為出自於對客戶、股東和員工的一個承擔，這家公司對社會的巨大貢獻帶給我無與倫比的喜悅與心靈滿足。這份工作把我帶到台北，機緣巧合地生活在地靈人傑的天母，讓我發現更寬廣的思維空間，源源不絕的靈感由心而來，讓我提筆寫了這本書，我的第一本著作。

我之所以寫這本書主要是想分享給年輕人，不論是滿懷理想、信心和動力的年輕人，或是缺乏方向的一代，甚至是看不到未來、自認買不起房子，走「窮經濟」且失落的一群。無論如何，他們總離不開充滿變數的人生，每天各式各樣的生活壓力和不快，諸多的人際矛盾、誤解和責任。

單憑這本書，也許我沒辦法做你人生方向的明燈，但是，我嘗試與你分享在同一個天空下，我在世界各地所看到的多元文化，感受到不一樣的社會價值觀，體會到各式各樣的生活模式，觀察到不一樣的個人追求和選擇。我透過不同角度與視野與你分享我的生活體會，希望帶給你一些思維上的刺激和行為上的鼓勵，幫助你尋找突破思維界限的樂趣，用不一樣的角度看待一貫的事情。

源於好奇心我開始寫這本書，從動筆到出版的歷程融合了不少人生哲理。

二〇二〇年初，一個突如其來的病毒迅速改變了大家的生活，我好奇地觀察著在社會中發生的一些變化。一位初創朋友，把握迅速變化的環境和良機，開發出特定職場健康企業專案，我看到敏捷。這期間，健身房行業生意慘淡，不少在倒閉邊緣求生，一位經營獨立健身房的朋友卻能在疫情發生前，談妥出售予一家連鎖集團，我看到運氣。

在整個社會維持「社交距離」期間，我發現鄰居頻繁地遛一隻三條腿的狗，這狗很勇敢，沒有因為身體狀況而害羞，主人和狗都是悉心打扮，我看到關懷、決心和自豪。疫情剛剛發生，全台出現唯一一家校內感染個案而停課的學校，這所學校的一名高二生告訴我，他們從極度緊繃的心理狀況，在短短幾天內勇敢地面對並走出困境，同學間互相扶持，這批年輕人的坦率和勇氣讓我看到年少時的我。

我身邊有無數在防疫路上讓我敬佩萬分的幕後英雄，一般的民眾不知道他們的存在，但是我非常清楚他們的工作，每一天看到他們在使命感的驅使下默默地守護著我們。我也接觸了立法委員、機會主義者、保全、小店老闆等人士，聽到他們各自獨特的故事。我與林虹君和樊淑媛兩位同事聊天，他們也看到發生在社會中的各種故事，並相約出一本關於疫情期間所見所聞的書與人分享。

在好奇心和激情驅使下，我寫了不少關於這些人和事的內容，找了一家知名出版社討論出版事宜。結果，負責人認為，這類的內容已經充斥在各種媒體，題材週期也較短暫，出版的意願低，禮貌地拒絕了我。

或許，工作和生活的步伐改變了，身心得以沉澱，跳出了舒適圈，晚上半夢半醒想起了一些往事，引發一點點衝動把記憶深處的一些個人經歷寫出來。隨後，透過樊淑媛的女兒馮鏡潔找到了健行文化，副總編輯對我的背景和成長經歷饒有興趣，認為我可以透過自身的經歷啓發和激勵年輕人，就這樣，我敏捷地做出改變，重新調整這本書的方向。

我是一個典型白天上班的職業經理人，習慣對每一件事情進行理性分析、規畫和有紀律地按時間執行。剛開始寫這本書時，我像機器人般寫出像商業報告的內容，結果發現行不通，寫書跟上班完全不一樣，理性和紀律幫不上忙，我需要忘記（unlearn）職業經理人的技巧，重新學習（relearn）培養寫作的靈感和內心的氛圍，把自己當成一個藝術家或創作者。

我不是作家，也沒有名氣，誰會有興趣看我這本書呢？想起來的確會打擊我的士氣和動力，要完成這本書需要巨大的勇氣和不怕挫折的精神。

於是我換個角度來看，反正我沒有名氣，也沒什麼可失去（nothing to lose），就抱著無所求無所得，無所得無所失的態度，沒有名氣反而是我目前最大的優勢，這種態度讓我毫無猶豫地不斷寫下去。

我深信收益遞減原則（diminishing returns），明白追求完美會影響寫作的進度，在質和量的平衡下，用了幾個月的時間寫出關於我成長經歷的數萬字，若包含最早階段關於疫情下的人和事的內容，我總共寫了超過十三萬字。經過幾輪與編輯團隊的溝通，大幅刪減後剩下七萬多字。我嘔心瀝血的付出寫了十三萬字，只剩下不到一半的內容，這需要放棄的勇氣（courage to give up）和妥協。

由此可見，這本書的誕生不只是個人經歷的分享，出版的過程也融合了不少人生哲理，從開始時的好奇心和激情、面對現實的失望、身心的沉澱、走出舒適圈、敏捷地改變，忘記和重新學習、沒什麼可失去的態度、收益遞減的做事原則，到放棄的勇氣和妥協。

我不知道人的一生有多少是受制於命運，又有多少是透過後天許多因素來定奪。我的所見、所聞、所想和所感告訴我，人生可以是充滿了巧合，在缺乏能夠預見未來的情況下，不要隨便說不可能。人的生涯是充滿了挑戰、奮鬥、成功和轉折，前面的道路並非只有一條，每一次做出選擇時，可能是有意為之，也可能是意外插曲。如果能排除認知僵化，不要隨便把思路關上，好奇心常在，開啓人生的鑰匙往往就在眼前。

我想，人的性格和心態可以像水一樣，沒有固定的劇本，卻可以擁有龐大的空間，變化出各種形態。水般的無形和靈活能帶你走進遼闊的世界，協助應對困難和新處境，正如河流裡的水，不知前路，不知去向，偶爾順暢地流動，偶爾障礙重重，最終還是走得非常遠，到達一個無比寬廣的地方。

生活既複雜又簡單，在有限資源下享受每一天生活，做一個務實的人，是一個非常不錯的選項。不妨琢磨一下阿爾伯特．愛因斯坦（Albert Einstein，一八七九～一九五五）的名言：Imagination is more important than knowledge（想像力比知識更重要），不要被知識和經驗所限制，擁有無邊的思維空間。有夢想有想像力就有機會，為了創造想像力和夢想，達到無邊際的幻想，做做白日夢又何妨？你永遠不知道你不知道什麼，看完這本書後，你或許不再隨便取笑或批評別人做白日夢。

我期待這本書啟發你的內在潛力，創造不可能的可能，塑造自己的未來。

出生地香港：從百年歷史中出走

家族歷史的困惑和紛擾

搬進台北三年多，生活在天母，閒暇時愛在磺溪，從北走到南。天晴時，磺溪水流不多也不急，我反而有機會觀察溪流中一點一滴流淌而過的水。它們隨地形從北往南流動，途中克服石頭、沙礫、植物、分水嶺等障礙，迂迴曲折，最終還是往前進，流到遠遠的地方去。

我沿磺溪走到一半，想到我人生上半場，水是動態的，讓我明心見性，自我觀照看見自己。我人生的上半場就像磺溪裡的一滴水，我腦海中出現兩個看似不相關，仔細思索後卻發現有著密切關係的影像。我看到兩者間有一個不能切割的循環互動，彼此具有因果關係，卻無法明確地知道哪個是因，哪個是果。

第一個影像，想起成長過程中一些困惑和挫折的片段。童年時，我從來沒有想過將來可以這麼自由，而且走得這麼遠；說得準確一點，童年時的我根本沒有機會了解，原來這個世界有這麼遼闊，我的揮灑空間可以如此寬廣。磺溪裡的水，也不知前路，不知去向，偶爾順暢地流動，偶爾障礙重重，最終還是走得非常遠，到達一個無比寬廣的地方。

第二個影像是學習敏捷度（Learning Agility）。學習敏捷度是近年流行於人力資源管理學和心理學，形容從經驗中學習的意願和態度，以應對陌生環境或新處境的能力。學習敏捷度已經變成我生活和工作不可或缺的一環，就是我得以這麼自由和走得這麼遠的關鍵，讓我經歷多次轉變而成為今天的我。磺溪裡的水，無形地流動，變化萬千，懂得越過前面的障礙，經歷困難，勇敢地往前走，展現出無比的敏捷度。

記憶中，童年時候的我並不敏捷。是成長過程中遇上的困惑和挫折，激發了我處於潛伏狀態的敏捷度嗎？還是我與生俱來的敏捷度，讓我克服種種障礙，掌握機會，讓我可以這麼自由和走得這麼遠？同樣地，是磺溪裡重重的障礙，激發了水的敏捷度？還是，水千萬年來的敏捷度，打造了磺溪的地理面貌，讓這裡的水今天走得這麼自由和遠？

一部電影揭露家族背景

我出生於一個傳統的香港原居民家庭，童年階段生活在家族聚居的一個半自給自足的系統，包含了農業生產、市場、學校等生活圈。按族譜記載，家族的祖先兩兄弟南下到香港之後，後人就在這處位於香港西北地帶的平原上生活了三、四十代人。

遠自幾百年前的元朝和明朝，香港原居民的祖先因為逃難和生活壓力等因素南下遷移，在現今香港土地最肥沃的平原上定居下來，建立村落，務農為生，世世代代在鄰近的農地或荒地上興建房屋居住。原居民的土地和居住利益，從清朝、英國殖民時代到一九九七年香港回歸後，皆有獲得政府保障。

在地勢陡峭和寸土寸金的香港，這種原居民的圈地歷史和近代特權，為這些家族後裔帶來廣大面積的農地，完全沒有買房、租房和交地租的壓力。試想：同樣是生活在香港的其他人，如何想像原居民的生活？久而久之，香港社會對原居民的印象就是和睦、團結和不用上班，每天優哉游哉地拿著鳥籠喝早茶，過著大地主的生活。

但是，隨著家族人口大幅增加，土地資源相對越來越少，人口密度也越來越高，各式各樣的生活挑戰隨之出現。人口密度與可用資源呈反比發展，可想而知，人與人之間的磨擦難以避免，生活也非理所當然的優哉游哉，紛擾隨處可見，矛盾和衝突近在咫尺。

長大後，朋友對我的出生背景一知半解，大多帶著半開玩笑的態度，問我是否過著每天早上拿著鳥籠，優哉游哉地在家附近喝早茶的生活。遇上同姓的非原居民，總是聽到唏噓一句：「大家都是姓鄧，你我的社會待遇卻是截然不同。」我很確定我不是，但即使我說了不是，他們也不一定會相信，反而說我謙虛；面對這種誤解，我不積極也不懂得向別人解釋清楚，只覺得心裡委屈，就是單純接收別人所說的話，無論對與錯。

旁人對原居民種種風光的描述，然而，局內人和局外人的理解差異甚大，我生活在其中，家裡沒有田也沒有地，有的只是對家族歷史說不清、道不明的困惑，以及看到無處不在的紛擾。無論如何，當年的我就是抱著這樣的態度，從沒有想過為什麼要這樣、可以怎麼樣，或者要改變等問題。

沒想到，多年後的一部電影，卻以放大鏡般的角度把原居民的生活公諸於世。這就是獲得第三十四屆香港電影金像獎十一項提名，最終得到三個獎項，包括最佳編劇、最佳男主角和最佳男配角，在二〇一四年上映的《竊聽風雲系列》第三部。在電影中，劉青雲、古天樂、吳彥祖和周迅等多位知名演員的精湛演技，把劇中關鍵人物演得出神入化，贏了無數掌聲，同時也引發了不少爭議。

原居民土地權益的糾紛是電影的主軸，因為欲望和貪婪引發了一連串的勾心鬥角、背叛、暴力、血腥衝突和復仇，兄弟反目，親情不再。有人堅守土地，也有人無知和盲目地被利用，甚至有人引入暴力爭取利益。電影還帶出祖先留下的遺產沒有帶給大多數人豐足的生活，掌握政策訊息和人際資源的人才能出人頭地，貧富也由此走向兩極。

這部電影顛覆了不少生活在香港的局外人對原居民的印象，不再認為他們理所當然地拿著鳥籠度過每一天的生活，也認識到土地資源短缺的挑戰和貧富懸殊的現實。另一方面，電影中有一些讓觀眾不安的暴力鏡頭和誇張題材，引起不少原居民的嚴厲批評，認為抹黑了原居民和睦團結的形象。

兩個小時電影的威力遠勝普通人的千言萬語。

電影內容的真實性並非最重要，個人如何解讀也不是關鍵，反正就只是一部電影而已。對我個人而言，朋友開始從另一個角度了解我的成長背景，懷疑過去對我的羨慕都是誤解，甚至轉變成對我的困惑和紛擾的關懷。這部電影把我從童年的困惑中釋放出來，無論內容有多準確，爭議性有多大，不可否認的，我可以算是受益者。

童年階段生活在家族聚居的一個半封閉系統，當時的我不了解什麼是獨立思考，不懂得對不認同的事做出應該有的應答，也不會去問為什麼，只有理所當然的默默接受，我缺乏從經驗中學習的意願和態度，欠缺外界刺激，也沒有應對陌生環境或新處境的能力。

童年的我，就像池塘內的一滴水，不需面對激烈的流動。無論池塘世界內發生什麼事，都只有隨之而動，我不認識外面的世界，也沒有離開的考慮。世界就是如此之大，我不需要也不了解所謂的敏捷度。

TIPS 人生學程

- 原來這個世界有這麼遼闊，我的揮灑空間可以如此寬廣。
- 學習敏捷度已經變成我生活和工作不可或缺的一環，讓我經歷多次轉變而成為今天的我。

激發人生敏捷度

我的原居民家族於一九三一年興辦了一所學校，校址位於家族的祠堂，藉此鼓勵並且方便族人上學。隨著學生人數的增加，家族在一九六五年於聚居地蓋了一座新校舍，學校占地規模相當大，有一個足夠打羽毛球的大禮堂，台上也能容納一座鋼琴和合唱團，總體課室可以容納約五百名原居民學生，而且還擁有兩個操場、音樂教室，美術教室等等，這也反映了全盛時期的族群實力和學校盛況。

我在這裡的校舍度過了六年的小學生活，當時並沒有什麼特別的感覺，只覺得這是原居民子弟理所當然的成長過程。印象中，當時的學生人數與全盛時期已經無法相比，從我小一進學校時約有一百多人，到小六畢業時只剩下四、五十人而已。

濃厚家族色彩的小學教育

學校裡，原居民子弟的比例也不高，大部分反而是從其他地方遷到這區的外地居民，他們大多是向原居民租房子。因此，學校裡的原居民子弟無形中產生了一種優越感，認為在自己家族辦的學校中讀書，而許多同學家都是族人的房客。

這所小學的經營和管理帶有濃厚的家族色彩，歷任校長都是鄧姓族人。教學理念帶了點威權主義，學生必須服從校長和老師的權威，個人的言論和行為均有所限制。為了體現權力和服從，體罰是一種常用的手段，在其他同學面前的公開體罰習以為常，體罰的方法更是層出不窮，比如老師在大禮堂中，在全校的師生面前，揪住同學的一雙耳朵，用力地把同學的身體從地上拉起。其他各式各樣的體罰多不勝數，包括在同學面前的言語羞辱。我也沒有例外，接受過不少體罰，這是學校生活的一部分吧！

校長出來競選地區議員，做學生的自然就得出動勞力，參與製作大量宣傳工具，炎炎烈日下在路邊辛苦布置，也不敢有一句埋怨或抗拒。我們用油漆做海報，眼睛受刺激流淚，手被用作拉海報的竹片和木頭割傷，都一一安然接受。如今回想起來，我已記不清楚這是服從權威的表現，是學生參與競選活動的激情？還是支持族人參與政治的光榮？反正，全然服從和聽長輩的指示就可以了。

放假期間，做學生的也會參與學校的維修工程，從基本的建築物油漆、除草，甚至危險性比較高的任務。有一次颱風過後，需要用電鋸砍樹，同學嫌棄我個子小，沒什麼力氣，不想讓我參與。結果，一名同學被電鋸切傷，導致大量出血，被送往醫院急診室。在那個時空下，為學校服務而受傷是常態，大家似乎也沒覺得有何不妥。

新校舍面積廣大，但是還是設計成能讓學生們盡情奔跑玩樂的環境。兩個操場分別是水泥地和帶有細小砂石的草地，無論是做運動、一般玩樂和踢球，我幾乎每週都會增加一個新的傷口，身上也留下不少永久性的疤痕。

因為家族沒有興辦中學，畢業後便找一家在附近新市鎮的公立中學，進了一所當時算是非常新，也是比較容易被錄取的公立學校——趙聿修紀念中學，這是一家由香港已故商人趙聿修先生捐贈成立的學校。他眼見新市鎮人口持續增加，學區內中學嚴重供不應求，因而向教育局提出辦學申請，我就這樣成為其中一位受惠者。

中學生活的衝擊

剛剛開始的中學生活帶給我極大的衝擊，同班同學大多是就讀於新市鎮的小學，有小學學長姐的照顧，他們自成一個人際關係網路，在學校裡得到特別照顧，走起路來也格外自豪。我沒有相熟的人際網路，感覺有點孤單，別人問起來自那家小學時，也有點不好意思地回應。除了當時就讀的小學逐步走上停辦的命運，也有不少舊生的負面訊息傳出，如嚴重犯法、坐牢等等，風評有些不佳。

新市鎮的風氣不一定是優秀的，曾經兩次與小學同學一起在新市鎮活動，走進比較舊式的購物中心時，被黑社會攔著，逼著我們對話、交保護費和入黨等。

說起來，有點像黑社會電影的片段，但這情節全是真的，我們只能落荒而逃。

由生活在家族興辦的小學的優越感，轉變到截然不同的中學所產生的自卑感，頓時，覺得自己什麼都不是，哭或許是最好的表達方法。這時，我終於明白了，為什麼家族小學的學生人數不斷下跌，無論是教學品質和名聲，已經逐步被附近新市鎮的小學超越，導致不少原居民把子女送到新市鎮讀小學。

突然間，回想小學階段的童年生活，我非但沒有過拿著鳥籠的生活，卻像一隻生活在鳥籠內的鳥，不知道外面的世界有多大，不知道什麼是生活品質，也不知道什麼是機會。這個世界比我一直以來所認識的還要更大，比以前看得多了，了解多了，思考也多了，我卻踏入人生第一個迷茫階段。

我明白了小學的生活只是兒童時期的一個事實，隨後的成長與原居民的身分不一定需要畫上等號，其實可以有很多的選擇。我開始懂得什麼是獨立思考，什麼是人生發展空間。我想過什麼樣的生活？我需要改變嗎？我有能力改變嗎？我該如何改變？一連串的問題在腦海中一一浮現。

在記憶中，這是我懂事以後第一次嘗試從經驗中學習，建立應對陌生環境或新處境的能力，也就是近年經常聽到的「學習敏捷度」的要訣。

毫無疑問，課堂內的學習或活動讓我體驗到什麼是優質教學。公立中學有一套管理和思維模式，從課程設計、教師培訓、教學內容到學生考核，都有標準規範和流程。過程中，我第一次體會到什麼是系統性管理，雖然這不能保證所有學生都能成功，但是只要認真參與和努力，成績不會是太大問題，德行也有一定的程度。

課堂內是按照公立教育原則下發生的事，下課時才是精采內容的開始。我真的要感謝初中同班同學，我逐步融入到新市鎮學校和同學們互動的節奏，他們給予我機會認識不一樣的生活，從他們身上看到創意和靈感上的自由，他們身上不經意散發的正能量逐步影響著我，對我的未來舉足輕重。

年輕人總是活力充沛，放學後一起踢球等體育活動都是家常便飯，也發生過同學踢球時與素未謀面的對手打架，偶爾我們也會尋找一些比較特別的玩意兒。記得當時學校附近的文具店擺放了一部彈珠台，只要彈珠落在電子系統指定的位置，就可以得到特定的現金獎勵。

前前後後，我們花了不少錢在這部彈珠台，後來我們一群同學圍起來，想辦法擋住店長的視線，再由兩個同學把彈珠台抬起來，確保每一次彈珠都落在指定位置，這讓我們賺了不少錢，過程中也獲得了青少年犯罪時的成就感和刺激。持續的作弊帶給大家豐厚回報和滿足感，突然有一次同學移動彈珠台時，竟然發出警報聲，嚇得大家落荒而逃，看來店長已經識破我們的舉動，並且安裝了警報器，我們帶著瘋狂的笑聲，飛跑出去，最後不了了之。這些無聊透頂和莫名其妙的行為，大概就只有在初中時期才會發生吧！

這幾年的初中生活，至今仍然讓我回味無窮，直到現在，我們同學間還會用帶有動物名字的化名來相互稱呼。大家還記得許多無聊但有趣的小故事，這種種再尋常不過的同學活動，對我來說卻是從來沒有體驗過的，也是融入新市鎮青年人生活圈的一次機會，不僅幫助我走出迷茫，找到改變生活方式的基礎，讓我逐步找到從家族歷史中出走的管道。

過去我就像一直生活在池塘內的一滴水，對外面一無所知。新市鎮的學習機會就像是池塘的一個缺口，讓我走出去，流進一條河流，沒有目標，不知終點。這一滴水在闖蕩，會迷途，帶有凶險，但是值得。

TIPS 人生學程

- 什麼是獨立思考，什麼是人生發展空間。我想過什麼樣的生活？我該如何改變？
- 找到改變生活方式的基礎，讓我逐步找到從家族歷史中出走的管道。

走出「三歲定八十」宿命

小時候經常聽到族中長輩說「三歲定八十」這句諺語，當時的我根本不以為意，認為這只是長輩對後輩的權威象徵，反映族群一貫的管理模式和風格。再者，一般族人共同生活在同一個空間內幾十年，「三歲定八十」是一種對於互相高度了解的表達方法，言語間也帶有些關懷和親切的意思。

早年的原居民，世世代代住在具有特定管理模式和文化的族群中，面對的不外是家裡的父母、兄弟姐妹和鄰居，生活相對來說比較簡單純樸。成長後大多以務農為生，或許有些人做點小買賣，但都是生活在一個自給自足的生活圈裡成家立業、傳宗接代，出門遠行的人相對甚少。因此，性格和人格特質往往在兒童階段基本上已大致形成，「三歲定八十」並引領著眾人此後一生的生活。

做為土生土長的原居民，我也不例外，兒童時期的性格與原居民聚居地的生活模式有著極大的關係。可是，從小學到初中時充滿了衝擊和壓力，隨後成功地融合到同學們的群體中，這讓我的思維走向創造性模式，開始挑戰「三歲定八十」的宿命，這就是我人生的關鍵點。過程中，努力讀書並非重點，最有影響力的反而是看到同學們各式各樣的創意和自由，他們勇敢地挑戰現狀和提出種種的質疑。

原來的我，是池塘內的一滴水，形態穩定，內外沒有什麼想法。這時，我流到一條陌生和刺激的河流，感受到來自四方八面的衝擊和誘導。我發現，我這一滴水，是可以擁有龐大的空間，變化出各種的形態。

顛覆宿命

雖然初中的生活短暫而充滿啓發性，但是我仍然得面對升高中的考試。在香港，初中和高中是附設在同一所學校裡。在那個年代，初中升高中需要通過考試，競爭非常激烈，就讀哪一所高中對往後的升學非常關鍵。我就讀的中學是年輕和充滿活力的新學校，高中升大學的成績一年比一年好，所以絕大部分的初中生都希望能夠原校直升高中。

我意會到，我經歷的小學教學品質比不上新市鎮的小學，加上個人也不是特別努力，所以我的基礎相對不具競爭力，導致初中成績馬馬虎虎，原校直升高中的機會僅有一半。幸好，最終的結果是令人高興的，但也沒有什麼好令人驚訝的，就是倒數幾名符合資格得以原校直升高中的理科課程，這種險勝過關的感覺卻讓我格外興奮，比名列前茅的同學更高興。從此，我愛上了這種不要大勝，只求剛好的贏。

能夠從原校直升高中，對於那個年紀的孩子來說，是個很大的鼓勵，有一種自己可以掌握未來的感覺。可惜，在初中階段下課後一起踢球、賭博和看錄影帶的同班同學們畢業後卻各奔東西；有些搬到外地，有些出國留學，有些則是轉到別的高中，還有一些原校直升高中後沒有分到同一班。雖然上的是同一所中學，初中和高中的班上氣氛卻大不相同，初中是以玩樂和培養感情為主，高中則是以準備大學考試為目標。

我收拾心情，把初中時以融入新市鎮青年人生活的目標，在上高中之後轉變成集中精神努力讀書，克服這苦悶的學校生活。這時我還是住在家族聚居地，但是我的內心和想法已經開始產生動搖，我認為努力讀書是我唯一的選擇，可以讓我獲得更多的機會和看到更大的世界。

我要走出去！這樣我才能夠看到更多，體會更多，學習更多，人生也會隨之改變，逐步地顛覆「三歲定八十」的宿命。

掌握人性，找到開啟人生的鑰匙

乖乖坐下來讀書不是件困難的事，如何在考試中獲得優秀成績才是關鍵。我琢磨了一下，公開考試的試題是一群教育局指定的資深老師出題的，以香港的教育制度和環境氛圍，我想他們也不會有新的創意或激情，會不斷想出全新的題目，更不會花費心力為新的課題設定新的標準答案給考評局。因此，他們必然是參考過去歷年來的考古題，再更動一點點就算是把工作做好，對得起薪水了。

我掌握了人性的特點，在考試前集中演練過去十年的考古題。高中最後一年，大學入學公開考試，我便是採用這個準備考試的方法，出人意表地得到優秀的成績，證實我的策略成功了，更錄取了香港歷史最悠久的大學環境科學系。

正當我要確認錄取通知時，突然接到香港科技大學理學院生物化學系的電話，他們恭喜我獲得了優秀的成績，並且邀請我去參觀和了解這所大學的辦學理念與學習環境。

這是一所新成立的，只有兩年歷史的大學，因此我對它的認識並不深，心想既然接到學校邀請，去一趟也無妨。這所大學位於新界西貢的海邊，在地鐵站轉乘公車才可到達。下車後，發現校舍在一個翠綠的半島上靠山面海，整體設計風格非常漂亮，令人極為讚嘆。

走進課程本科生主任辦公室，他說明學校的辦學背景、理念和目標，也提出一個頗具吸引力的建議，若是我來此就讀，學校將提供獎學金和宿舍。我被這所大學的雄心壯志所吸引，被獎學金和靠山面海的宿舍打動，於是答應就讀香港科技大學。

如果說初中的生活是人生的關鍵點，大學的生活就是讓我找到開啟人生的鑰匙。在這充滿活力的大學，教授都是從海外歸來，資深的已經在國際建立了卓越的成就，年輕的都在茂盛之年在各自的領域中聲譽日隆，學校從上到下每一個人都在努力奮鬥。

我這一滴水，從出走池塘，流進河流後，經歷了幾年的形態進化。現在，已經流到與河口不遠的地方，有機會聽到大海回流而來的同伴分享，對大海產生了一些好奇和期盼。

大學採用通識課程，讓我在主修的理科外，對社會科學和經濟學也產生了濃厚的興趣，尤其是國際關係和博弈論。在這樣的學習環境下，我看到更廣大的世界，讓我看到自己的未來掌握在手中。

我喜歡這所大學，內部氣氛就像新創企業，沒有歷史包袱，只有往前拚的選擇；校長在拚、教授在拚，我也在拚，不一樣的只是各自拚的目標不同。校長為了讓大學在國際間打出知名度，在本地社會建立地位和品牌，募款成功；教授肩負了多重責任，包括培養優秀的畢業生，把自己的研究發揚光大和獲取終身合約。

我則是在第一年拿了獎學金，有名、有利、有世界觀，我下定決心，日後每一年都要努力拿獎學金。總算一切努力沒有白費，我以驚人的速度拿下了不少大學內部的獎學金，也拿了個別公開申請的獎學金，為自己，也為系上爭光。

走到這一步，我真正離開了原居民的聚居地，在自己搭建的跑道上，朝著自己的目標，帶著自己的觀點，在經濟上也達到了一定程度的自主，正式走出了「三歲定八十」的宿命。我認識到，人的性格和心態可以像水一樣，沒有固定的劇本。

TIPS 人生學程

- 接納衝擊和壓力，成功融入群體。
- 勇敢地挑戰現狀和提出種種的質疑。

讀書讓我掌握未來

走出家族聚居地，離開新市鎮，我開始了大學生活。學術課程帶給我知識，宿舍的生活讓我學會在放學後與住在一個屋簷下各種性格不同的人相處，與系上同學的親切互動建立了友誼。成長的體驗告訴我不應該期待凡事一帆風順，我理應隨時準備應對各式各樣的變化和挑戰。諸多困難在學習和個人生活上陸續出現，我沒有埋怨，因為這就是人生。

大一時，差點因為微積分（Calculus）這一堂必修課，弄得「一子錯，滿盤皆落索」（意即一招不慎，滿盤皆輸）。我當時的期考成績非常差，在全班一百個學生中排名倒數第二，還被講師特別找去聊聊。他非常真誠地問我讀大學的目標，在了解後，他跟我說，我這樣的期考成績就算期末考拿高分，總成績也不一定能及格，這會影響整體畢業分數（Grade Point Average），他建議我直接放棄這門課，然後明年再重修。

他的坦誠和沒有保留讓我對他完全的信任，我按照老師的建議放棄這一科，努力在大一獲得好成績，大二時辛苦一點，重修（retake）微積分學。在老師的關懷下，我這個學科大有進步，成績超出預期，沒有拖累大學的整體畢業分數。他教會我在面對眼前困境時，什麼是策略性放棄，也在往後的生活和工作中派上用場。

體會生命科學知識的重要性

大一的暑假，我找到了一份臨時工作，地點是在香港米埔自然保護區，是一份兼職研究助理的工作。這個保護區位於新界西北河口一帶，即後海灣拉姆薩爾國際重要濕地的所在地。這裡擁有泥灘、紅樹林、池塘、草地等生態價值非常高的天然資源，每年吸引了大量從大陸北部及西伯利亞的候鳥前來過冬，成為亞洲最重要的候鳥保育地點之一。

幾週後的一個中午，突然間異常頭疼，這種頭疼的情況我從來沒有經歷過，接下來就是咳嗽和發燒，我只好到診所看醫生。之後病情一直沒有起色，看了兩次醫生，換了藥也加了抗生素，卻完全沒用。接近一週過去，我還是一樣頭疼、咳嗽和發燒，情況沒有好轉。

有一天早上起床，咳嗽時竟然咳出深紅色接近咖啡色的液體，我嚇了一跳，心裡覺得不妙，於是馬上到附近的醫院掛急診，醫師就直接安排胸部X光檢查。等到胸部X光結果出來後，醫師問我為什麼拖到現在才來就醫。我疑惑著，醫師給我看了X光片，補了一兩句，提到什麼大面積嚴重肺炎之類的。我看不懂X光片，但是他的幾句話已經讓我非常恐懼，當時把過去幾天服用過的藥也帶上，他也做了記錄，當下我就辦理了住院手續。

住進了病房，護士即時幫我安排吊點滴和採集一些檢體，主治醫師也很快就來看我，他參考了我過去一週的用藥後，開了一些藥加到點滴瓶裡。他補充說，目前不知道是什麼病原體，所以只能嘗試不同的藥，如果藥物正確，應該會馬上對症狀有所改善。

躺在病床上的我非常恐懼，吊了一天的點滴，臨床症狀沒有緩解，恐懼的情緒持續高漲，醫師換了藥，但我的恐懼猶在。第三天，突然退燒了，其他臨床症狀如頭疼也明顯改善了，這對我來說是非常令人振奮的，是用對了藥，還是體內已經有足夠的抗體？總之，最重要是我的身體已經逐漸康復。

整個住院過程中，我是住在一般病房，不是現在慣常在媒體中聽到的隔離病房和負壓病房這類。今天回想起來仍然有些不確定，是當年醫院的臨床流程原因，還是根本沒有想像中嚴重，只是自己嚇自己？

在那個尚在使用呼叫器（BB. call）的年代，我什麼也不懂，沒有管道可以快速學習醫學常識，而且我又比較被動。如果是發生在今天這個資訊爆炸的年代，我或許可以大致判斷對我生命造成的危險程度。康復後，讓我體會到生命科學知識的重要性，我要更努力讀書，更深入了解生命的奧祕，要改變人類對健康管理的掌握。

大三時，系主任和教授們與我閒聊，問我畢業後有什麼打算。我非常直接回應，不是考公務員，不然就是想和你們一樣，到世界知名的大學讀研究生的課程。其中有幾位教授是從英國劍橋大學博士畢業，我就說劍橋是一所很不錯的學校，我的目標感動了他們，也點出了一連串的問題。

首先，這是一所新的大學，我將是第三屆畢業生，之前沒有畢業生走過這條路，有誰可以給我指引？劍橋大學認可香港科技大學的學生嗎？出走是我個人的目標，但也有大學教授希望我留下來，在他們的實驗室裡攻讀研究生課程，我又該如何打消他們的想法呢？

步步為營，達到關鍵目標

這一年，我自己摸索了劍橋大學研究生的申請入學過程，找出了兩個重要關鍵，即為獲得教授的口頭同意和成功申請獎學金。為此，我主動聯繫了幾位當地教授，做了不少溝通，終於獲得了第一個口頭同意。這裡的傳統非常特別，找到一個了，就不要再找其他教授，所以我獲得一個口頭同意已經心滿意足。

需要同步進行的就是申請獎學金，這部分比較複雜，也需要一點運氣。複雜的是，有好幾個公開申請的獎學金，卻沒有統一的申請流程，每一個獎學金有固定的目的和審核標準，需要一個一個來分析，整理申請內容以符合它們的要求。做了幾個申請之後，連我自己也覺得有點勉強，我並不符合他們所訂定的要求，相信評委非常容易就能夠看出來。

同時，我也申請了香港政府的年度政務官和行政官公務員的大學生統一招聘。這是一個非常標準化的流程，先進行統一考試，成績優秀者將被邀請參與第一輪面試，隨後還有兩、三關，最終的勝利者就可以獲得加入薪水高和福利好的政務官和行政官體系。我大學成績好，應該最少可以入圍沒問題吧？

參加考試後，居然沒有被邀請面試，真沒面子，也心有不服。後來聽到消息，有一位大學「最強」的同學曾公開說：「沒有政務官和行政官公務員的位置就不找工作」，結果他與我一樣都落選了。突然間，我覺得心裡好過一點，我的心態有些不好，可是年輕的時候，的確有這種喜歡比較的行為。

還好天無絕人之路，我終於找到一個比較容易符合條件的獎學金—— British Chevening Scholarship。這個獎學金是第一次接受香港居民申請，目的是香港即將脫離英國的殖民地管理，希望透過獎學金建立英國與香港的長遠友誼。正好我符合這個要求，也因為是第一年開放申請，沒有這麼熱門和受到關注，競爭不會過於激烈，幸好最終沒有讓我失望，我成功獲得了一年的全額獎學金。

獲得了劍橋大學的口頭同意和獎學金，接下來就必須把大學的成績考好，達到一定的成績才能夠順利進入劍橋大學。香港科技大學沒有太久的歷史，因此，畢業生的成績沒有國際認可的衡量標準（benchmark），我的成績必須要非常出眾。

這一年，教授們與我有共同的目標，就是成功送我去劍橋大學，為香港科技大學做先鋒。我步步為營，教授們也全力鼓勵和幫助我，讓我達成了幾個關鍵的目標，包括超A等級的整體畢業分數、一等畢業榮譽、成為理學院史上（只有三屆）眾多學系畢業生中第一個獲得大學學業成就獎（Academic Achievement Medal）。同時，我在海外研究生的公開考試中剛拿到合格通知，獲得了劍橋大學的正式錄取，我也成為第一個香港科技大學畢業生中獲得英國劍橋大學錄取的研究生。

從升高中到遠赴劍橋大學，幾個關鍵點得來不易，也是一連串的險勝過關。無論如何，結果還是成功了。

回想起來，香港科技大學是我人生成長的重要地方，我對學校的人和事充滿了感恩，我也非常懷念大學時期的生活。多年後，偶爾會覺得在大學時以及離開大學後應該參與更多的，與老同學也應該更常聯繫。在香港科技大學發生的一切，也變成我成長過程中最讓我懷念的片段之一。

我這一滴水，從平靜的池塘流進驚險而刺激的河流，突破重重障礙，在河口處對大海產生了好奇和期盼。

終於，我流進大海了！

TIPS 人生學程

- 成長的體驗不應該期待凡事一帆風順，我理應隨時準備應對樣的變化和挑戰。
- 諸多困難在學習和個人生活上陸續出現，因為這就是人生。

前進英國劍橋：追尋自我的目標

我的恩師

從擁有八百年歷史的原居民家族聚居地中出走，卻走進另一個擁有八百年歷史的聚居地，這絕對是超出我兒童及青少年時期的想像範圍，是緣分把我和劍橋大學牽在一起。

同樣是八百多年的歷史，不一樣的是，這是一所世界級領先的知名大學城，世世代代聚居了無數影響人類未來發展的科學家的劍橋市。在發展過程中，這兩個地方無論從思想、人的流動，和對世界的影響都毫不相干。彷彿我跨越了平行時空，跳進一個陌生的世界，在劍橋市這個時空，四年的生活給予我多重感官上的刺激和啓發。

我帶著興奮的心情，充滿了希望和期待，獨自到達劍橋市。抵達學院的接待處報到時，已經是晚上九點，拿了鑰匙後，走十分鐘左右才到達宿舍。這是一座三層樓高的平房，裡面大約有十個房間，外面漆黑一片，內外環境看起來有些陳舊，缺乏我心目中影響世界的霸氣，頓然，有點失落。

一大清早就被鳥叫聲吵醒，原來平房後面是學院的大草坪，門前就是大學的學系大樓。而且這棟平房已經有一百多年歷史，相較於其他建築算是比較新穎的，這時我才看清楚，昨晚一路上經過的都是具有幾百年歷史的古老建築。走出門四處逛逛，我眼前為之一亮，學習、住宿和科研已經完全融合在市內，全球最先進的研究設施就在這些充滿了古宅味道的歷史建築中，古老的建築物與頂尖的設施形成了強烈對比。新的建築物隨處可見，設計也須融合到老的建築群中，這種保持劍橋市特色的原則讓我嘆為觀止。

我踩著腳踏車路過達爾文（Charles Robert Darwin，一八〇九～一八八二）就讀的學院 Christ's College，和後來以他家族命名的學院 Darwin College。達爾文的名言：「物競天擇，最終能生存下來的物種，不是最強的，也不是最聰明的，而是最能適應改變的物種。」坐在 Darwin College 河邊，思考著達爾文影響最深遠的科學研究「進化論」，所有物種都是從少數共同祖先演化而來，原居民家族和劍橋市的科學家都擁有共同的祖先。

眼前，這兩個生活圈的差異不在於強弱或聰敏，只是各自生活在不同的空間和環境，承擔不一樣的責任和面對不同的挑戰，各自用自己的方式去適應環境。劍橋這地方地靈人傑，鬼才眾多，啓發我如何應對未來。

第一年，我背負感恩與背叛的包袱，過了喜悅的一年。

能夠在劍橋攻讀碩士研究生課程，我過了三個關卡，分別是取得一定的成績符合入學要求，得到教授的錄取，和獲取碩士研究生獎學金。我要感恩一位教授，是他給予我一個珍貴的研究生名額，我們雙方都帶著熱情和期待，他還特意用一個非常特別的方式歡迎我加入。

那天，他邀請我乘坐他的小型飛機遨遊劍橋郡，一個很刺激的經歷。這飛機很小，只能坐四個人，登機前我有點懷疑，這麼小的一對機翅能帶我們飛上天空嗎？在跑道起飛這一刻讓我對飛機有一個新的認識，機身底部沒有多餘的空間，高速滑行產生大幅度震蕩，我從雙腿到全身抖起來。機頭的引擎用盡力氣，發出巨大咆哮聲，我真的不知道能否順利起飛。

在天空時，我的雙腿感覺到一股清涼的空氣在流動著。在這晴朗的天際，眼前偶爾出現一片片白雲，飛行的視覺感官很特別，就是一點點霧一樣，還能夠看到周邊的景色。我才知道，在低空中，雲外和雲內的視野是不一樣的，劍橋郡沒有高樓大廈，在飛機上所看到的，就跟明信片一樣的漂亮和自然。

我在實驗室內努力執行藥理研究好幾個月，研究生課程還算是順利。每天面對著放射性物質，身上靠著一個小小的藍色檢測器，每到月底，部門對檢測器做履行判讀，我心情都戰戰兢兢，不要超標啊！不到半年，我的實驗結果已經有機會加入到實驗室前輩的國際科研雜誌發表，內心很是滿足。

面臨掙扎與選擇

時候到了，我需要面對現實，一年的碩士研究生課程應該可以順利完成，下一步呢？我想攻讀博士研究生課程？那麼，什麼的課題？博士研究生獎學金如何安排？我主動與教授對談，我開始覺得研究課題有點沉悶和過氣，也認為目前的課題不容易獲得博士研究生獎學金，我對他說了點心底話。

為此，我們之間出現了一些言語和性格衝突，我們友好的關係只維持了幾個月。他在劍橋接近四十年，如果我下決心離開他的實驗室，也許從此就得離開劍橋。就算我留下，我開心嗎？滿足嗎？有感劍橋的生活就只有這一年，眼前彷彿就是盡頭，頓然感到彷徨無助。

忘記實驗室內的不快和不明朗的前途，繼續與宿舍室友一起吃喝玩樂，晚上坐在一起看電視、聊天。偶爾去迪斯可，體驗從五〇年代到九〇年代不同主題的氣氛。我在這宿舍裡度過了快樂的一年，也是我成長過程中至今仍然讓我懷念不已的記憶。

我懷著東方人的觀念，在感恩與背叛兩種情緒中矛盾掙扎，沒有這位教授我不一定能來到劍橋，同時，我需要為我的前途打算。室友給了我很多關懷，其中一位室友 Ed Tate，他現在已經是國際知名的倫敦帝國學院教授，在了解我的狀況和研究興趣後，告訴我他們的社會沒有這種觀念，就是個人自由的選擇，建議我去找他就讀學系的 Alan Fersht 教授。

在他協助下，我聯繫上 Fersht 教授並且與他詳談，他同意接受我的申請，也幫助我申請接下來三年的獎學金。不久，一切確定下來，我記得非常清楚，第二天的早上踏出門口時，陽光普照，異常好的天氣讓我特別有精神，好像上天特意為我慶祝的樣子，因為春天的劍橋並不容易出現好天氣。縱有波折，我仍然順利完成碩士研究生課程，並到 Fersht 教授的實驗室開始博士生研究課程。這時，我的心裡百感交集，離開把我帶到這頂尖學府的團隊，走進一個在我失意時，給我協助、關懷和鼓勵的新環境。

Alan Fersht 是國際知名的蛋白工程教授，在蛋白的結構、活性和折疊的科研領域開創了不少前瞻性研究，並因此獲得眾多國際獎項。於二〇〇三年獲封爵士的他，獲頒發二〇二〇年度科普利獎章（Copley Medal），以表揚他在蛋白質工程方法的開發和應用，以原子解析度提供蛋白質折疊途徑的描述。首度於一七三一年頒發的科普利獎章是英國皇家學會每年頒發的獎章，是地球上現存歷史最悠久的科學獎項，以獎勵科學上傑出的成就。

TIPS 人生學程

- 學習承擔不同的責任和不同的挑戰。
- 面對現實，勇敢抉擇。

攻讀蛋白質工程專業

什麼是蛋白質工程？旁人總是說，蛋白質就是食物裡的養分，生物體內不可或缺的成分，工程就是建築的工作，何來蛋白質工程？就是因為一般人聽不懂，我更有這種優越感。

說到蛋白質工程，得先從歷史說起，一九七二年諾貝爾化學獎得主，著名科學家安芬森（Christian Anfinsen）的研究指出，蛋白質是由基因的順序複製出來的，一條長長的胺基酸聚合物。聽起來非常簡單，但是從長長的聚合物折疊成為三維架構，其可能出現的三維架構方式是一後面有三百個零的天文數字。

從一條長長的胺基酸聚合物變成一個特定的三維架構蛋白質後，才能在物種體內正常地運作和執行工作。錯誤折疊的蛋白質不但缺乏效能，也往往導致各式各樣的糟糕結果，如癌症和失智症等重病。我攻讀博士研究生的年代，研究人員需要透過精密的方法，一般需時數年時間，才能成功拆解一款蛋白質的正確折疊和結構。

蛋白質工程是透過基因工程，改變胺基酸聚合物組成，進而改變蛋白質的折疊、結構和活性。我的博士生研究課題就是了解人體內一個自然存在的蛋白質的折疊過程和結構，透過蛋白質工程發掘與癌症關聯的基因突變對這蛋白質的結構性影響。在這個年代，蛋白質工程還是一個相當前瞻性的研究領域，研究蛋白質結構需要使用精密的機器，配備高性能電腦的計算，以達到亞毫秒級的蛋白質折疊解析度以及其結構。

發明 PCR 過程充滿浪漫和傳奇？

以大家認識的語言來解釋，各位聽過 PCR 技術嗎？就是全球疫情大流行期間，世界各地民眾常常聽到的核酸法篩查，用來確診新冠肺炎感染者。PCR 技術全名為 Polymerase Chain Reaction（聚合酶連鎖反應），醫護人員透過抽取疑似患者鼻咽的檢體，與新冠病毒小片段基因混合在一起，在特定的機器上進行聚合酶連鎖反應。如果疑似患者鼻咽含有新冠病毒，該片段基因的數目便會無限地放大，並被機器所探測和作出陽性報告，疑似患者也被確認為患者；如果疑似患者鼻咽的檢體沒有新冠病毒，小片段的數量不會被放大，機器的報告則為陰性。

PCR 發明過程充滿了傳奇色彩和浪漫，這項技術的發明者就是莫理斯（Kary Banks Mullis，一九四四～二〇一九），因發明聚合酶鏈鎖反應（PCR），與史密斯分享一九九三年諾貝爾化學獎。莫理斯在做 DNA 研究時，實驗還沒結束，就已經把 DNA 用光。某個週末傍晚，他開車載著女友從舊金山前往鄉下，他注意到車輪規律的輾轉聲，突然間靈感一現，一個擴增 DNA 片段的念頭出現在他腦海中，PCR 技術的靈感或許就是源自這次與女友的約會。

我博士研究生的工作就是透過 PCR 技術，以帶有癌症相關基因突變的小片段，製造人工合成基因，然後放進大腸桿菌，生產基因改造蛋白質。在培養液內的大腸桿菌大量繁殖，透過破壞大腸桿菌細胞，把蛋白質提煉出來。最後，用精密的機器與高性能電腦以亞毫秒級計算，分析蛋白質折疊和結構。可惜，我的工作沒有莫理斯的休閒和浪漫，卻是缺乏休息和滿身臭味。

這工序看以簡單直接，但是每一次的生產都非常嚴格，按照一樣的時間和環境條件，才能確保實驗的可重複性。因為這樣，我必須按照大腸桿菌的生活習慣和節奏，日以繼夜的，並且在週末回到實驗室，照顧大腸桿菌的起居飲食。大腸桿菌在培養液內繁殖時會產生臭氣，把蛋白質提煉出來的過程中往往弄得一身臭味。

短短三年間，我合成了一百多種蛋白質，對人體蛋白質的自然折疊和其基因突變引發癌症的結構變化有一定程度的了解，發表了水準不錯的論文，也順利畢業。過程中，我投入了大量時間和付出了對臭味的忍耐，這種味道非同小可，就像充滿了細菌寄生的衣服氣味。我原以為，回家洗澡後就可以了，後來發現帶有臭味的分子已經黏貼在我的鼻孔，氣味久久不散，影響我對日常飲食的心情。可想而知，我在劍橋的學習，不但刺激我的腦部思考和所見所聞，也對味覺帶來衝擊。

傳奇科學家的啟蒙

劍橋盛產科學家，博士畢業後理應繼續研究事業，這也是許多人的期待，不過，我並沒有走上這樣的路。其實，培養鬼才是劍橋的另外一面，推手是其傳統和價值觀，帶動了好奇心、觀察力、想像力和挑戰固有想法。雖然我不是才，不能跟頂尖科學家和社會有名的校友相提並論，但也從中領悟一點，刺激了下腦袋，為日常生活添一點樂趣。

牛頓是劍橋最傑出的科學家之一，其蘋果的故事代代相傳，不過劍橋的蘋果一點也不好吃，酸酸的。現在位於劍橋大學牛頓臥室窗外的「牛頓蘋果樹」不是故事中的這一棵，是移植到英國及全球很多地區的科研機構的關聯樹木之一。

在劍橋市，到處可以見到蘋果樹，我沒有被蘋果打中，也沒有因此琢磨萬有引力，反而停留在牛頓走過的足跡時，想起他的另一個重大發現——第三運動定律（Newton's third law of motion）。我聯想到將我帶到劍橋的碩士導師教授，我們之間的互動關係有點像第三運動定律。

按照第三運動定律，當兩個物體相互作用時，其中一道力稱為作用力（action），而另一道力稱為反作用力（reaction），即彼此施加於對方的力，這兩道力大小相等、方向相反。當這兩道力在互動時，如何辨別哪一道是作用力，哪一道是反作用力？其實，它們之間的分辨相對模糊，任何一道力都可以被認為是作用力，另外的一方自然地成為反作用力。

我與他的矛盾狀態就是作用力與反作用力，難以分辨誰是主動，誰是被動，非常模糊的互動。我反思這段關係，是他給予我機會來到劍橋，我還是非常感恩，離開他的實驗室後，我們便沒有再說過話，在二〇一九年得知他去世了，心中對他只有滿滿的懷念和感激。

我在想，第三運動定律有點像人與人之間的互動，因為大家總是不停地聽到：「你為什麼總是跟我對著幹？我要向東走，你偏要往西走，為了反對而反對。」到處上演著你不要我做，我偏要做的幼稚對決。作用力和反作用力有時候變得模糊，人與人的互動中誰是作用力和誰是反作用，真的說不清楚，各執一詞。每當出現不理想的結果時，總是馬上怪罪對方，卻不嘗試作出反思。

我不懂得第三運動定律背後的複雜計算，但是其理論讓我透視人際關係，是與非的判斷超越了自己眼睛所見，腦中所想和心中所感，就算離開劍橋後，我沒有停止思考這些問題。眼前看到許多破裂的家庭和友情，在互動過程中總是覺得是別人的錯，都是別人導致，也許人太容易被權威主義、自尊心、自信等等心理因素劫持。

親臨傳奇大師的學術殿堂

史提芬・威廉・霍金（Stephen William Hawking，一九四二~二〇一八）是理論物理學家、宇宙學家及作家，被譽為繼愛因斯坦後最傑出的理論物理學家之一，也是全球最尊崇的物理學家之一。一九六三年，霍金罹患了罕見的早發性緩慢進展的運動神經元疾病（俗稱漸凍人症），被醫生告知只剩下二年壽命。

一九七〇年，霍金雖然還活著，推翻了醫生的判斷，但已經開始無法行走，肌肉萎縮情況日益嚴重，隨後全身能夠活動的部分僅剩幾個手指；再到後來，他全身癱瘓，無法發聲，必須依賴語音裝置來與其他人溝通。過去的幾十年，他一直要與運動神經細胞疾病共處，他沒有放棄自己的身體，並繼續從事尖端的研究，在理論物理學家和宇宙學研究取得巨大學術成就，建立家庭，亦致力將科學普及化。

修讀博士研究生課程期間，我生活在岡維爾與凱斯學院（**Gonville and Caius College**），有幸與霍金同處在這所學院，他是院士，在學院內有教學責任，也在學院內生活。偶然看見看護推著輪椅上的霍金於大學城中走動，到學院上班，到餐廳用餐。見到他時，總是想向前跟他打招呼，但是每當看到他的身體狀況，決定還是不要打擾他。

霍金於二〇一八年去世，享年七十六歲，比醫生當年的推斷多活了四十二年，當時認為不可能的事已經變成事實，並且出現在眼前。世界上很多人認識他，主要是由於他的勇氣、傳奇和其一九八八年的著作《時間簡史》，這本書被譯成四十多種文字，發行量高達二千五百多萬冊。

他不僅沒有放棄，更證明了什麼是「不可能的可能」、「人毋須失去希望」的精神展現在人的眼前。每一次遇見他，我都被他感動，頓時覺得充滿了動力，腦海中不會輕易出現不可能的結論，他改變我的做人態度。他能夠推翻醫生的判斷，克服罕見疾病的宿命，為什麼我不能實現我的夢想？

二〇一八年，他出版了生前最後一本著作《霍金大見解：留給世人的十個大哉問與解答》（*Brief Answers To The Big Questions*）。書中，他留給世人一些鼓勵，如「Be brave, be curious, be determined, overcome the odds. It can be done」，中文意思是「拿出勇氣、好奇心、決心、克服困難，你可以做到的」。我看了這本書兩遍，懷念他的同時，也補充一下自己的勇氣、好奇心和決心。

TIPS 人生學程

- 人與人之間的互動關係有如第三運動定律，是與非的判斷超越了眼睛所見、腦中所想和心中所感。
- 拿出勇氣、好奇心、決心、克服困難，你可以做到的。
- 霍金不放棄，不失去希望的精神，展現了在克服罕見疾病宿命的傳奇。

預見未來世界的變化

在電影院裡看《那些年，我們一起追的女孩》，聽到「也許在另外一個平行時空裡，我們是在一起的」這句對白，讓我回想在岡維爾與凱斯學院的晚宴。

創立於一三四八年，岡維爾與凱斯學院是劍橋大學三十一所學院中第四所歷史最悠久的學院，人才輩出，到目前一共誕生了十二位諾貝爾獎得獎者。傑出的院士包括有：史蒂芬・霍金、發現 DNA 結構的法蘭西斯・克里克、量子力學的創始人之一馬克斯・玻恩、發現中子的詹姆斯・查德威克爵士、盤尼西林的發明者霍華德・弗洛里爵士、二十世紀最重要和影響最大的經濟學家之一約翰・理查・希克斯爵士、新興凱因斯經濟學派的重要成員之一約瑟夫・尤金・史迪格里茲，以及《中國科學技術史》作者漢學家李約瑟。

在這學院生活了三年期間，參與了不少學院一直保持的傳統，如三道主菜組成，並有侍者在旁服務的正式晚宴（Formal Hall），參加晚宴時，學生只需要披上學士袍，當院士入場時要起立。晚宴地點為庭院內已經有幾百年歷史的大堂，其中一個特點是，兩邊的牆身上方都是彩色玻璃，刻上歷史上頂尖的院士，向他們對人類知識發展致敬。這些記錄人類知識發展的彩色玻璃，有如透視未來一般。如果平行時空的確存在，這些院士已經創造了不少截然不同的世界。

劍橋今天的成就並非一蹴可幾，而且這裡絕對是一個地靈人傑的地方。以諾貝爾獎得獎者的數目為例，到二〇二一年為止，總共有一百二十一位得獎者為劍橋大學的畢業生、研究員、學院院士等相關人士，在全球排名第一；生活在劍橋時，偶爾與諾貝爾獎得獎者擦身而過，他正踩著自行車、購物或是跑步中。

在社會發展方面，劍橋大學產生了十五位英國首相和不少國家元首，如新加坡第一任總理李光耀，以及無數的商界領袖。劍橋出身的科學家、政治家、商業名人、社會運動家等，塑造人類無數舉足輕重的平行時空。無論平行時空是否存在，這種氛圍已經給予我無限的靈感、鼓勵和勇氣，雖然我沒有像前輩一樣成為知名人士，但是這並不妨礙我對未來科技發展的預測。

創造顛覆未來發展的技術

當年我埋頭苦幹地進行博士研究課題，日以繼夜照顧著大腸桿菌的起居飲食，提取它們生產出來的蛋白質，花了三年時間才了解其折疊及結構，以及癌症相關基因突變對其折疊及結構帶來的變化。與此同時，看到實驗室夥伴使用視算科技（Silicon Graphics）３Ｄ圖形顯示硬體和軟體，分析蛋白質的架構。這時的電腦數據處理能力和速度非常有限，不足以替代我所使用的傳統實驗室方法。我跟同學開玩笑說，「在未來，超級電腦可以在三天內把我的博士研究課題做完。」

今天，超級電腦的確出現了，同樣的研究生課題，不再需要用上三年的實驗室時間。二〇二〇年，Google 的母公司 Alphabet 旗下的人工智慧研究公司 DeepMind 發表報告，其最新系統「AlphaFold」可於數天內對單一蛋白質的折疊和結構得出準確結果。這個突破不單單加快了基礎研究的速度和降低研究成本，也可以大大加快新藥的開發；如果我當年的博士研究生課程是在今天，不用幾個月就可以完成數據分析和撰寫論文。

博士導師的實驗室團隊有四十人左右，每一天每個人都在產生蛋白質折疊及結構的數據，有些屬於基礎科學，有些對各類型疾病的成因機制提供了線索。我們常常討論，手上這麼多數據和分析，到底有什麼潛在用途？大家沒有答案。當時的生物資訊領域還在萌芽階段，世界上無數研究員正在問同樣的問題，卻沒有一個明確的答案。導師的實驗室團隊不甘落於人後，已經啓動了一些與癌症和腦部退化疾病相關的科研計畫，朝這個方向努力探索。

當時手上的行動電話只有通話和簡訊功能（第二代行動通訊技術），有多少人可以猜到今天的第四、第五代行動通訊技術，帶給了大家生活上什麼顛覆性的便利和應用？今天的生物資訊技術還在高速發展中，但是已經帶給無數病人福音，以前許多無法治癒的疾病，現在已經找到根治的辦法。回想過去，雖然我們這群同學沒有水晶球，但是已經在生物資訊對未來世界的顛覆性改變有一定的洞悉。

創業失敗：為理想再次失敗

首次創業

現今，「顛覆性」、「獨角獸」（註一）等名稱值多少錢？估值之瘋狂往往讓傳統企業老闆和普通民眾難以理解，這卻是無數創業家的夢想。「顛覆性」離不開影響力，也就是顛覆或影響了一些現狀。巨大的影響力發生了，也不一定獲得一個估值或變成獨角獸。

在劍橋，這種事情屢屢發生。我在這裡從事博士研究的時候，偶爾與諾貝爾獎得獎者擦身而過，聽過他們的故事。設施內，擺設了不少歷史上對人類生活產生顛覆性的發明，許許多多都是為人類發展作出無償貢獻，並沒有進行產業化，沒有一個估值，非常崇高。因此，我能夠成為這科研基地的一份子，往往有一些優越感。

我進行博士研究的主要地方在劍橋市南部生物醫學園區的英國醫學研究委員

會（Medical Research Council）的設施，這個園區是歐洲最大的生物科學及醫學研究基地，而這個英國醫學研究委員會的設施孵化出人類近代眾多關鍵性醫學研究，如發現DNA的雙螺旋結構，迄今已產生了十二位諾貝爾獎得獎者。

癌症，一個讓人害怕的名詞，可喜的是，病患的生存率逐步提高，其中一個最大貢獻者就是在最近十幾、二十年深入民心的標靶藥物，其核心單克隆抗體技術正是在這研究中心發明的。之後，這中心的發明家格雷格·溫特（Gregory Paul Winter）爵士（一九五一～）把抗體人性化，減少被人體排斥，獲得了二〇一八年諾貝爾化學獎。相關跨國大藥廠為此付出了一定的專利費用，聽說在英國境內眾多的英國醫學研究委員會研究機構當中，委員會有超過半數的商品化專利收入由劍橋這個機構產生。

我沒有參與這研究，卻與眾多研究人員見證了這個經典產業化的過程。

嘗試創業

我們在實驗室埋頭苦幹時，也經常在茶餘飯後討論在這裡成立的新創公司，猜想募資金額和被傳統跨國大藥廠的併購價。這種氛圍推動了源源不絕的發明，也鼓勵了更多新創公司成立，強化這改變人類未來的生命科技發明的基地。

當時，我好奇地問自己，我也能成立新創公司？我有的是興趣，卻缺乏基礎，只是每一天在生產數據。我的研究還是處於基礎階段，與具有商業價值的專利發明有很大的距離，因此，單純研究課題而成立公司完全是天方夜譚。那時候，有不少同仁在創業，要創業的想法也不斷出現在我腦海中。

每天面對大量的數據，適逢碰上網際網路泡沫（dot-com）熱潮的興起，產生了創辦生物資訊公司的念頭，我的博士導師 Alan Fersht 爵士也表態支持。可是我毫無創業經驗，到底該從何做起？當時，dot-com 網址價值不菲，我趕快把好幾個與生物資訊相關的網址用個人名義註冊下來。在創業熱潮的推動下，很快便找了幾個志同道合的同學，一起追求創業夢想。

當年我們都年輕，有的是勇氣，nothing to lose 的心態。表面上，起步非常簡單和快速，隨後就步步為營，越是推動下去，需要解答的問題越多。最基本的問題，生物資訊是非常看好的前瞻性領域，但是將朝什麼方向發展，需要多少投資，有什麼實質用途，從哪裡獲得回報，沒有人能預測未來，也沒有確切的答案，好像都是抱著賭一把的態度。

我們用了不少時間琢磨，腦袋被各種問題折磨。我們幾個人有各自的學業或職業，都是與生物或資訊行業相關，共同點是有知識，不一樣的是風險承擔的差異。我們決定採取務實一點的做法，先建立一個以行業相關的資訊網站獲取瀏覽量。這種模式就好像當年竄起的搜尋引擎（search engine）和內容提供者（contents provider），透過瀏覽量建立名氣和價值，隨後才看看如何賺錢。

簡單的網站原型（prototype）建立了，在試水溫的過程中發現效果不錯，也引起了一些關注。我們思考一段時間之後，也一步步把商業模式（business model）想出來，下一個階段就是尋找投資者，也是最為艱巨的一步。我們花了不少時間把商業計畫書做出來，也是在這個階段，團隊分歧快速形成。有成員認為這複雜度和困難度已經超出想像，有人質疑個人性格和追求是否合適創業，有人看不到前景。我做為發起人，有點左右為難和進退失據。

大家的激情開始退去，也重新評估願意投入的時間。對我個人來說，熱情還在，也沒有放棄的念頭，於是我選擇繼續走下去。幸好這樣的創業方式沒有影響到我博士畢業的計畫，都到這個階段了，沒有理由說服我要放棄博士研究生課程。好不容易把商業計畫書優化了，也鎖定了兩個融資管道，我開始尋求投資。

第一個鎖定的對象是企業，因為企業面臨互聯網時代，他們需要轉型和尋找相關計畫、創造加乘效應，藉此提升他們的內容和競爭力。其實，很多傳統企業家都看不透什麼是生物資訊，在這個年代，他們越是看不懂的東西，越是有價值，對我們也有利。

最後終於找到了有興趣並在轉型中的傳統 IT 企業家，我們志同道合，這企業家與我都非常有誠意合作，他們也把合約開過來。我個人認為條款非常詳細，表明了大家的認真和意向，也有相對的保護，為了符合團隊的要求，來回幾趟後，內容也做了一些修改。可惜，最終團隊沒辦法接受相關條款，認為被綁定的要求太多，我必須尊重大家的想法，只好把談判擱置。

到了這個時候，我感受到大家已經放棄了這次創業，只是用什麼方式表達和結束而已，只剩下我一個還在激情，頓然覺得孤單。

後來我轉往鎖定第二類型的對象——專業投資公司。我聯繫了大約十家專業投資公司，從小規模的家庭式資金管理到國際大型的投資公司，一家一家講解我們的理念、目標、商業模式、收益模式（revenue model）以及估值模式。面對這些專業投資者時，我沒辦法通過他們對以上環節提出的一連串問題和壓力測試；明顯的，第二類型的鎖定，好像也走不通。面對種種挫折，暴露出團隊在各環節的不足，也進一步動搖了大家。

綜合了之前的經驗，有幾個關鍵點導致我們的現況與投資者的要求有一段落差。第一，我們沒有也不願意退學，不能全心全意創業。第二，我們目前原型（prototype）提供的是網站資訊和爭取瀏覽量，長遠目標是建立知識產權（proprietary）的生物資訊，可是我們缺乏足夠的科研基礎和核心技術。在這種狀況下，單憑瀏覽量足以支撐整家公司的價值嗎？如何進行公司估值？如何實現長遠目標？要跟隨大家放棄，並且接受事實和承認失敗嗎？我心裡暗自想著。

註一：獨角獸（Unicorn）是指成立不到十年，但估值十億美元以上，又未在股票市場上市的科技創業公司。

TIPS 人生學程

- 懷抱的激情和理念，終究要面對現實。
- 從劍橋科研的環境跳進現實的企業生態圈，調整心態，對事不對人尤其重要！

滿懷理想的企業實習生

在這個年代，一邊讀書一邊創業說不上是潮流，但是也有不少令人羨慕的個案，好像到處是投資者，到處是機會，還有不少放棄學業的成功例子，如 Microsoft 的比爾．蓋茲。我呢？最後以失敗告終。問我有沒有考慮過放棄學業，全力投入創業？我真的認真考慮過。說得好聽和得體一點，我能來到劍橋並不容易，獲得多位恩人的支持，還有最重要的是，完成博士研究生課程才是我心中的第一順位，我自己也開始質疑堅持下去又有何用？

尋找投資者的過程中，面對一連串的打擊，但還是要面對現實。問題在於我們的激情和理念？商業模式不夠充實？執行的規畫不夠全面？在投資者眼中不具備所謂的吸引力？反思一下，我們太自我為中心了，試想，投資者每天看到無數的投資計畫，能獲得他們的安排見面已經非常不錯了，這是一個買家市場。

我給自己最後一次機會，再不成功就放棄。我獨自回到香港，也回到鎖定的第一種對象，即傳統企業。傳統企業不缺錢，他們不斷找新的企畫開拓業務版圖，在這個 dot-com 年代，他們都餓（渴望成功？求才若渴？），也比較有勇氣接受新的業務模式。對他們來說，十個投資計畫中，即使有八個失敗了都可以接受，只要有一、兩個成功就可以了。

最後的一搏與之前有什麼不一樣？我加入了我個人元素。就算他們看不懂我們想做什麼，或者他們對我們的計畫沒有興趣，我要讓他們看到我個人的價值和決心。我要讓人家看到，懷抱理想的我，充滿了衝勁。這衝勁不是帶有後悔的衝勁，卻是成長過程中的衝勁，不害怕創業失敗，失敗就是豐富的經驗，這就是年輕人的本錢。這種事情，年輕時不做，何時才做？激情和衝勁就是年輕人的價值，我要說服他們，我就是他們企業的未來，值得他們押注。

從創業到成為實習生

我找上了華人首富家族，約好了時間，我們之前沒有見過面，因此，我準備了不少檔案和資料，在他們的辦公室見了他們家族一位核心成員。他完全沒興趣聽我的業務計畫，可是他邀請我加入他們企業。他還說了一個比喻：「你這樣創業等於是在一個非常小的魚缸內的魚，加入我們企業，就是一條在非常大的魚缸內的魚，發展空間龐大。」

最後一搏就這樣結束了，我放棄了創業，把公司關掉，加入了他們家族控股的集團，我的合作夥伴們也沒什麼意見，因為他們早已放棄了，我是最後一個留守的人。我們創立的公司失敗了，個人方面，我成功從求學的軌道轉到事業的軌道，經歷了團隊意志無以為繼的過程，到後半段的自我奮鬥，卻開始患得患失。

這是一家華人首富企業，一家秉承創辦人為人誠懇和誠信的信念經營的良心企業，我非常興奮，也算是光宗耀祖。在成長過程中，經常在媒體中看到這家企業的理念和成就，對社會的貢獻和帶給股東的回報，也留意到這家企業兵強馬壯，出了不少「打工皇帝」（香港用語：指公司董事或是高級行政管理人）。現在跟他們走得這麼近，同時成為他們當中的一份子，頓時覺得，我離開象牙塔，步入人生新階段，眼前充滿了喜悅和期盼，有一天我會像他們一樣出人頭地嗎？

人生第一份正職

沒有工作經驗的我，就像個實習生一樣，他們卻給了我一個不錯的職位：專案經理。企業是一家具有主導地位的公司，業務多元化發展，資產遍布全球。離開秀麗的劍橋市，以一個驕傲的劍橋人身分，走進這家大企業的集團總部，出任有一定責任的專案經理。回想四年前大學畢業投考公務員的徹底失敗，不能不為自己眼前的機會沾沾自喜，突然覺得未來的個人經濟有了依靠。為此，我高興了一段時間，對第一份工作充滿了期待，也買了好幾套西裝和領帶，迎接人生的轉捩點。

雖然這是人生第一次正式的工作，全職的職業，但是我自認為過去的經歷足夠讓我應付過來，無需做其他的準備，就是這樣簡簡單單的脫離了大腸桿菌的生活節奏，準備迎接相當規律的辦公室作息。在新的環境和人生階段，我還是過去的我，同樣維持在世界頂尖實驗室的態度和作風，有點糟糕，感覺好像被同事排擠。

我當時猜想，有部分同級別的同事是累積了不少工作經驗才做到專案經理，也有部分是畢業已久的同事，但還沒有做到專案經理這個位置。那麼我在離開校園後馬上做到專案經理，是否靠的是人事關係？同事有這種想法，我理解，我也反思，主要原因是我沒有準備好，從劍橋科研的環境跳進現實的企業生態圈，我忘記調整心態了，我身處的地方不再是象牙塔。再者，從名牌大學出來，帶點驕傲，對事不對人、有話直說的性格，也帶著初生之犢那種天不怕、地不怕的態度，怎麼處理大企業內的職場人事關係呢？

我沒有絕望，之後有許多機會改變與同事之間的關係。有一段時間，我們被派往北京，參與企業在當地併購的一家科技公司後的技術轉移和商品化的工作。不久，我們找到了共同的敵人：工作壓力和惡劣天氣。這類型的工作背負著沉重的責任和期盼，我們必須與時間競賽，也希望早點結束工作回香港。這一年的北京，頻繁地被沙塵暴襲擊，我們的生活步步為營，也遇上突如其來的大雪，整個北京的交通系統癱瘓，我們在冰天雪地等待奇蹟出現，好不容易才回到飯店。這段日子，同事之間多了些互相了解，關係也有所改善。

過程中，我們討論了不少對工作的盼望和個人發展的理想，這激發了我身體裡仍然存在創業型 DNA。我心中仍然存著許多疑慮，不斷問自己想從事什麼樣的職業？我追求什麼？說到底，儘管企業是一家優質企業和良心雇主，我還是接受不了大企業的文化、規則和限制，我想追求新創企業成功過程中，帶來的驕傲和受人敬仰的樂趣。

當時，我認為我明白為什麼不少博士畢業生不願意到企業打工，也明白為什麼有些企業對博士畢業生有點介懷。研究生在實驗室待久了，養成了一種對時間的自由，只要把實驗和論文做好就可以，其他的時間安排可以非常靈活。

傳統的企業講究的是對時間和辦公室的紀律，不一定能接受在辦公時間跑出去，一邊喝咖啡，一邊追求靈感的做法。這一點，研究生的生活跟新創企業有點類似，靈感大於一切，哪怕你辦公時間跑到海灘去也無妨。

不到兩年，依然滿懷靈感和理想的我提出辭職，決定追求新創公司的浪漫和夢想。公司提出把我調配到其他部門，如資訊發展相關部門，讓我轉變一下工作環境，繼續留在企業內發展。我沒有考慮，也沒有接受這個調動，還是固執地離開企業。

這企業家族成員對我有恩，他把我從象牙塔帶進商業社會，幫助我在人生的必然發展歷程中順利接軌；加入企業後不久，在春茗酒會上，他特意介紹我認識首富創辦人，對我在企業的發展帶有期望。離開企業後的兩、三年，看盡外面商業社會的現實、艱難和殘忍，過得不如預期，才知道在企業裡是「身在福中不知福」，對於我當時的衝動不免有些後悔。事隔多年後，我心裡一直對他滿懷感恩，對於一時的衝動，一直感到抱歉。

如果不做，就會錯失良機

身處華人首富企業的兩年，我學會了一些管理智慧和經營業務手法，也有穩定的經濟收入。另一方面，我對於新創還是懷有濃烈的興趣和好奇心，與不少新創公司保持聯繫，關心他們的發展，羨慕他們的激情、自由度、氛圍、發展和成績。當時，我有沒有總是覺得別人家的飯比較香的心態呢？

離開華人首富企業這一刻，我突然覺得非常輕鬆和豁然開朗，抱著趁年輕就要參與新創的態度，不參與開始創立公司就是浪費了自己。我沒有名氣，也就沒有包袱，沒有名氣反而是我目前的最大優勢，毫無疑問的，完全是初生之犢不畏虎的想法。畢竟眼前就是無數的新創良機，絕對不能錯過，況且機會不等人，就這樣勇往直前向前衝。

幾乎是同一時間，我答應了兩家新創公司，參與他們對夢想的追求。這兩家公司重點有所不同，一家是以搭建科技商品化平台為業務核心，另一家是以生產生物技術製品的高科技公司。相同的是，這兩家公司都是典型的新創，有理想、有明確的市場機會、有雄心壯志，都是處於經營虧損的狀態。

我的責任或者是創辦人和股東對我的期待非常明確，也是基於我的教育背景、工作經驗和創業的激情。他們希望我可以協助他們，為公司打開收入管道和建立策略性夥伴，從而在短期內提高公司估值，然後進行新一輪融資以加速發展，中期要優化財務報表，達到高估值被併購或 IPO（Initial Public Offerings，首次公開發行），最終為包括員工在內的股東，帶來非常可觀的回報做為終極目標。

剛開始，我非常的興奮，在大企業的責任非常渺小，但在新創公司就是什麼都要管，頓然覺得心靈找到了歸宿。新創圈很特別，需要有成功的公司為投資者帶來客觀回報，才會帶來熱烈的融資氣氛，達到滾雪球效應。我們非常的努力，建立了不少合作夥伴，形成了可觀的氣勢。短期內，這兩家新創的初步成果在香港新創圈達到一定的曝光率，也被認為是新創行業的明星之一，被行業寄予厚望，也帶給了現存股東們欣慰。

這時，共同創辦人說了一句話：「如果連我們都不成功，香港的新創圈就不用玩下去了。」這句豪情壯語非同小可，我深深的記住了，說真的，當時我們都被眼前的榮景所矇蔽，我對他這句話沒有提出異議。但是，隨著時間的過去，我的領悟卻出現截然不同的變化。

面臨創新持續的困境

接下去，我們就要面對殘忍的現實，即是估值的變化。什麼影響估值的變化？有幾個關鍵里程碑，對於前者這家科技商品化平台新創而言，就是簽訂服務契約數目、成功案例、經營收入和被投資協力廠商公司的股權估值等；對於後者這家生物技術製品新創，就是技術商品化、廠房的建立速度、產品的申報規畫和產品經銷意向契約等。

這兩家新創面對同樣的困惑，努力後卻是有名無利，即是有知名度，但是缺乏足夠的刺激估值的成績。怎麼解讀這狀況？如何催化估值的提升？大家都在苦惱著，如何向現存股東解釋這眼前景象？如何獲得股東的理解和支持？如何進行新一輪融資維持經營和發展？

新創非常特別，內部環境好的時候，股東、關鍵人物和員工都可以忍受不理想的狀況，看到不對的事情會睜一隻眼、閉一隻眼，也會把矛盾放下，因為大家眼前是股票和股權帶來的可觀回報，大家一條心等待著，絕對不容許個別人士破壞。當內部環境不好，生存出現困難，融資不理想時，什麼矛盾都突然間爆發出來，大家極難達到共識。

我們沒有例外，這家科技商品化平台新創就這樣解散了，人員各奔前程，剩下主要股東處理善後工作。至於另一家生物技術製品新創危機四伏，面臨關鍵決定我們還沒投降，所以還沒有完全輸掉。這家生物技術製品新創繼續專注技術轉移，協助大陸生物製劑企業提高品質和產能，期待奇蹟出現能扭轉局面。

奇蹟也難扭轉的局面

二〇一三年發生SARS，沒想到這突如其來的SARS為我們在危機中帶來了希望，我們的技術協助大陸的合作夥伴，生產抗SARS病毒的生物製劑供治療病人使用。當年SARS帶給社會極大的恐懼，恐懼讓我對於對抗SARS有激情，這種激情推動著我們積極地配合這個抗疫工作；為了貢獻社會，為了公司利益，股東和董事們都理所當然地全力支持，公司上下空前的團結，認為如果不做就會錯失良機，也對不起社會。

我們投入大量時間和剩下的資源對抗SARS，名氣進一步提升，收入即將出現。我們的人性掙扎浮現了，社會對SARS快點結束的盼望與我們追求持久性商業機會出現矛盾；當社會慶祝SARS快速過去時，我們的噩夢再次出現，投入白費了，收入來源再次落空。對於資源非常有限的新創公司來說，這是一個策略性地悲哀，導致了資源的失調，這或許不是對與錯的題目，因為當時大家也沒有辦法預測未來。

隨後，又回到估值和融資難題，自然地內部的關鍵人士對公司方向和策略的矛盾再次浮現。我的心情就像乘坐雲霄飛車一樣，曙光總是伴隨著黑雲。

公司的收入遠遠低於預期，科研的經費和人員的薪資沒有減少，我們需要面對接近山窮水盡的現實。這時候，是主要股東的決定了，無論他們之間存在什麼策略性分歧，總要達成最後的共識。雖然難以接受，但倒是符合預期，公司的資產即將被一家公司併購，這個新創團隊就這樣解散了，剩下主要股東處理資產併購，跟進相關的法律事宜。

新創是美好的夢想，成功後是甜蜜的回憶。

這兩、三年我獲得了一些啟發，認為在執行過程中帶有不少的先天缺憾。在新創，以決策過程為例，人的導向多於系統性管理，想要成功需要高素質和運氣好的領袖。新創往往缺乏監管和相互制衡，缺乏風險管理的機制，團隊的紀律就顯得非常關鍵。大企業用錢謹慎，需要向審計和對股東交代；新創公司用錢比較靠直覺判斷（gut feeling），錢是藉由募款而來，因此，股東的監督和建議不可缺少。

我也做了自我反思，「如果不做，就會錯失良機」的心態帶給我什麼？是成功、是失望和失敗嗎？回想離開華人首富企業時，我有沒有總是覺得別人家的飯比較香的心態，而錯誤判斷了現實？我想答案是肯定的。

共同創辦人說的這句話，「如果連我們都不成功，香港的新創圈就不用玩下去了。」這一刻，我意會到，無論有沒有我們，地球還是在轉動，新創的動力不會停下來，行業的成功可以不在我。我也在想，到底這豪情影響了我們多少關鍵決定？

TIPS 人生學程

- 新創往往缺乏監管和相互制衡，缺乏風險管理的機制，團隊的紀律就顯得非常關鍵。
- 新創是美好的夢想，成功後是甜蜜的回憶。

人生第二次迷茫時期

因為對傳統企業文化和作業模式的抗拒，對新創浪漫的追求，加上不要錯失良機的心態，我選擇離開了華人首富企業轉眼間已經三年了。期間體驗了兩家新創公司，經歷過澎湃的激情、讓我們欣喜若狂的媒體曝光、新創圈的期待，反反覆覆的希望和失落，最終的結局還是解散。

在新創這三年，幾乎參與了所有關鍵的運作，從投資者關係、融資、撰寫業務計畫書、制定市場策略到建立合作夥伴。為了這些責任，曾經嘗試獲得特許金融分析師（Chartered Financial Analyst）等專業認證。為了在新創圈打滾，認識更多關鍵人物，獲得更多的資源，也曾經擔任香港科技園公司非全職受薪顧問。這種身兼多職，全方位的參與，並非一般的企業上班族所能理解，可是我卻做到了，面對著年輕一代，我偶爾自豪的跟他們說：「我曾經也是一名斜槓族。」

一路走來，我付出了這麼多，最後得到了什麼？我在這兩家新創是受薪，這就是我的基本待遇。我不滿意！我不甘心！我認為應該得到更多，原因非常簡單，這是我加入新創的其中一個要求，這也是新創的遊戲規則。在物質方面的確獲得了不少股票，遺憾的是，這些股票到頭來卻不值分文，其最後的價值就是廢紙回收的價格。現在，曾經讓我奮不顧身的兩家新創失敗了，我必須考慮未來的收入。

這時候，我認真想過，當年離開首富的企業是否是一個重大錯誤？這三年是否在兜兜轉轉、跌跌撞撞中，到頭來卻仍是兩手空空？不可否認，我鍛鍊了不輕易放棄的性格，培養了對機會的「餓」，但那又如何？是時候該及時清醒？我在什麼平台上可以發揮所能？誰會給我機會？具體點和務實點，下一步如何是好？收入對我非常重要，我需要過生活！有誰可以幫助迷茫中的我？

面對下一步的抉擇

我找了在工作上認識的前輩彭老板，跟他訴訴苦，也聽聽他的建議。他的性格比較直接，不拘小節，也是我在香港科技園顧問團隊時的本地非全職首席顧問。我的遭遇和感想，他一點也不驚訝，他擁有豐富的國際企業和新創經歷，做為科技園顧問時，看透了當時整個香港的新創生態。雖然生物科技領域的規模非常少，他認為我並不孤單，不少參與新創的年輕人也是從夢想中掉下深淵。當然，也有個別的新創，已經成功建立了現金流，估值也在提升階段，準備要上櫃，但是為數極少。

他給了我一個既簡單又不容易的建議，就是簡單一句：「加入大型跨國企業，鍛鍊心智，累積管理經驗。」我回應：「不容易，我因為對大型企業的工作環境沒什麼興趣，所以才離開，這需要極大的勇氣才能重新加入，大企業對我這種新創的心態也有顧慮，認為我們這類人有點『野性』。」他不太認同我的想法，認為我有點固步自封，新創的人應該是充滿想像力和靈活才是，不要這麼快 say no。我思考，他也介紹兩位在跨國藥企總經理級別的前輩給我認識。

我分別在香港拜訪這兩位前輩劉先生和周先生，作了深入交流，他們不約而同地給予跟彭博士一樣的建議，也跟我分享在跨國大型藥企的工作心得和樂趣，進一步分析我如何走出第一步。劉先生甚至邀請我到他在上海的辦公室，我特意去了一趟，他也安排了資深的經理與我分享加入跨國藥企的過程，怎麼從基層做起和在外企中的心得，如何在外企中生存。

劉先生給了我一個關鍵建議，他說，「跨國藥企對你來說是新的嘗試，在大陸的機會非常多，但是對你來說是一個新的工作環境。剛開始時，不要追求兩個『新』，應該先從香港這個熟悉的環境入手，這樣比較容易找到相關的工作，在香港站穩後，再嘗試走出去追求更大的發展。」我想，他一語道破了我的問題，我相信以他的地位，他可以在大陸安排一個位置給我，但聽完他這句話後，我打消了這念頭，我還是踏踏實實走出轉型的第一步，就先從香港開始。

新的機會

我一步步來，從最基本開始，主動找跨國藥企的空缺機會，看報紙廣告、留意人力銀行網站資訊、聯繫獵頭公司。在兩、三個月內，看到三個招聘廣告，按照劉先生的策略建議，會是比較適合我的起步。就這樣，我寄了求職信出去，當中的兩個給了我面試機會，面試前，我做足了充分的準備，看一下這兩家企業的網站、最新的新聞發布和一些媒體曝光，非常巧合，其中一家的業務範圍，跟我一年多前的一件私人事情有著間接關係。

那時候，有一個十六個月大的加拿大籍華裔男童小哥頓，因患上血癌，急需移植骨髓。他的家人自多倫多來香港，徵求適合的骨髓，並於當年十一月展開「救救小哥頓」行動，引起全城關注，還促成日後設立了華人骨髓資料庫。數年後，大學同班中好幾位心地善良的同學，還鼓勵大家登記華人骨髓資料庫。骨髓配對的機會大約是百萬分之一，對大家來說都是非常遙遠的事，不過同學之間的相互影響力非常大，於是眾人便一起登記了。

多年後突然接到電話，一個讓我非常糾結的通知，這時我都已經忘記了曾經做過骨髓資料的登記，從電話中得知，有一個血癌病人急需移植骨髓的 **HLA** 跟我初步配對成功。我必須做決定，是否願意接受進一步的分析判斷我是否為合適的骨髓捐贈者。聽說提取骨髓是有點恐怖和有風險的，所以這是個非常糾結的決定，過了幾天，我答應了進一步分析，分析後確定配對是相符的。

巧合的是，這個病人的醫師正是我劍橋大學研究生時的同學，據我了解，這病人的狀況比較急，因此整個準備過程的速度非常快。成功移植骨髓後，需要過好幾年時間才知道這位病人是否能夠完全康復，同時沒有病情復發的狀況。我的醫師老同學定期告訴我這病人的康復狀況，很幸運的，這個病人沒有復發，也意味著病情得到控制。

我是一個充滿好奇心的人，總是留意到別人沒有注意的事。從考慮進行配對分析、了解捐贈的準備和過程、答應捐贈骨髓，到病人的康復歷程，我看了不少網上資料，發現整個過程是多麼的複雜，背後有著繁瑣的供應鏈。沒想到，這知識讓我在這件事發生兩年後的面試派上用場，也讓我有能力表達一些見解，或許有點幫助，後來我收到了錄取通知，也加入了這個跨國企業的香港辦事處。

回想這幾年的遭遇，我認為人生充滿了巧合，在缺乏能夠預見未來的情況下，不要隨便 say no，好奇心常在，不要隨便把思路關上。職業生涯是充滿了挑戰、奮鬥、成功和轉折。前面的道路並非只有一條，每一次做出選擇時，可能是有意為之，也可能是意外插曲，開啓人生的鑰匙往往在眼前。

TIPS 人生學程

- 不要固步自封，應該是充滿想像力和靈活，不要這麼快 say no。
- 站穩後，再嘗試走出去追求更大的發展。
- 前面的道路並非只有一條，每一次做出選擇時，可能是有意為之，也可能是意外插曲。

從零開始・・翻轉未來

再次成為企業實習生

你相信命運嗎？

在七十年代到九十年代初的香港，有一位被公認為歌神的許冠傑。他是一位創作歌手，寫下爲數不少對香港社會實況和人物心態相關的歌，歌聲在幾代人的成長和奮鬥過程中引發了巨大共鳴。我兒時也有聽他的歌，其中一首《浪子心聲》，歌詞裡有一句話讓我記憶猶新：「命裡有時終須有，命裡無時莫強求。」

新創夢想破滅，因緣際會下走進我一直不想加入的大企業，這就是命運的安排嗎？這時，我三十二歲。我相信努力和奮鬥的重要性，但是接下來十多年的經歷，讓我反覆思考人的一生有多少是受制於命運，又有多少是透過後天許多因素來定奪？

再次加入大企業，這機會得來不易，是前輩推波助瀾和鼓勵，配合一連串巧合的非計畫性結果，我相當珍惜，於是收拾心情，決定從失敗中翻轉。我嘗試停止糾結於企業這兩個字，排除對它的偏見和誤解，克服心理上的恐懼，用一個豁然的世界觀去對待它。我告訴自己，或許企業（Enterprise）只不過是一個廣義的名詞，形容獨立的盈利性組織，也是組織集體性經濟活動的一種方式，它並不是洪水猛獸。

過去幾年，新創的生活充滿了不穩定性，總是害怕山窮水盡的一天。現在，再次呼吸企業內的空氣，用心去感受它的遺產（legacy）和生命力，享受一下規模之大讓它不會倒下的安全感。剛剛離開劍橋大學加入的華人首富企業，擁有五十年左右的歷史；現在加入的這家則是百年老店。這兩家企業同樣由創辦人家族控股，在辦公室內隨時可以看到已經服務二、三十年的員工。

老員工說，服務的過程中帶給他們穩定的工作環境，不錯的經濟回報，養活了一家，過著經濟優越的生活。管理層告訴我，年資反映勞資雙方的信任和夥伴關係，誠信也協助了他們建立競爭力。創辦人家族和管理層對股東利益負責時，也有強烈的社會責任，創辦人家族更是國際級的慈善家。

接受企業的特質並融入其中

這兩家企業各有特色，總部地點和企業文化為最具代表性的差異。前者創立於東方大都會香港，後者建基於歐洲，地域文化的差異直接影響到企業管理的方法。全球性的業務，由多元種族組成員工團隊，前者是由東方往西方的發展，後者由西方往全球擴張，構成非常不一樣的辦公室文化。

香港這家企業以地產發展壯大，逐步成爲跨國和跨業務領域的巨無霸，企業管理還是以創辦人家族為核心。歐洲這家一直以醫療保健為業務核心，世界各地的發展非常均衡，創辦人家族已經把管理權交給職業管理人。兩者不一樣的經營模式卻沒有妨礙它們的長遠成功，創辦人家族卻扮演截然不同的角色。

這家醫療保健企業擁有非常緊密的人力資源組織架構，每一個位置有規定的階級（grading）、白紙黑字的責任（role and responsibilities）、權力範圍和審核權限。按定義，我現在是一名獨立貢獻者（individual contributor），指在企業內不帶團隊的員工，沒有管理責任。

獨立貢獻者可以是一家公司內關鍵的位置，如製藥公司的藥劑師、工程公司的特許工程師、餐廳的米其林級廚師，也可以是非帶有專業資格的員工。我就是後者，沒有特殊技能或證書，不是公司經營不可或缺的專才，也不做管理職，我只是負責一個非核心產品線的行銷，食之無味、棄之可惜類型的業務。

在新創期間，我集十八般武藝於一身，參與的範圍由募款、投資者關係，到外部策略性合作，現在卻是一名非不可或缺的獨立貢獻者。雖然這種感覺不太好受，但是做了決定走這條路就必須往前看，全力以赴。

這家企業全球員工接近十萬人，我像是一條在汪洋大海中的魚，非常渺小，這讓我回想起華人首富家族成員，當初鼓勵我加入他們企業的一番話，我現在深有體會。現在下定決心在企業內發展，從基層做起必須懂得如何求生和成長。

這家百年企業在競爭激烈和千變萬化的商業社會中，生存超過百年的時間，必然有它過人之處。我仔細觀察和虛心學習，看到集體遠見、社會責任、追求創新、規畫、發展和風險管理的不斷循環，再配合管理層帶領著全體員工，理性和有紀律地執行每一天的工作。管理層在規畫和執行每一件事時，都必須理性地評估，慣性地提出爲什麼（why）、怎樣（what）、如何（how）等問題，引導員工思考，還要避免因為一時衝動或情緒影響了決策和行動。這樣的模式帶給這家企業長遠的成功、客戶的滿意、社會的尊重、股東回報和專業經理人的經營成就。

過去的我就是缺乏這種企業職場上的集體習性，不懂得欣賞爲什麼每一家企業擁有自己的獨特文化、管理規範、流程、風險管理和獨立監督等，認爲新創與企業是南轅北轍，新創心態與企業生活存在著極大的矛盾。這些或許只是我心理上的一種藉口，實情是我沒有開放我的腦袋和心去接收不一樣的資訊。如果持續無法放下這種堅持和心態，我恐怕難以融入同仁的工作空間、贏得別人對我的信任或開心地工作。

懂得欣賞，試圖改變定見

改變是我唯一的出路。首先，我要懂得欣賞企業內的一切遊戲規則，從規畫、執行、流程到監督等等，都是經歷過一百多年衍生出來，讓企業長久以來保持欣欣向榮的景象，成為充滿活力的個體而歷久不衰。我要在諸多的日常工作中，盡可能的融入同仁們的圈子裡，成爲企業經營的一份子；我要使用他們的語言、學習他們如何執行工作，如何表達自己對工作的意見。

在以前，我認爲絕對不能認同的工作方法，就是堅持不認同。改變後，我會嘗試了解爲什麼是這樣，然後會表達意見，一起討論，結論出來了就接受，求同存異。

舉個例子，爲什麼與市場投入相關的經費和成績考核，都要按照每一年的財務預算規畫執行？在企業內，每一年的十二月三十一日就是結算日，過了這一天什麼都是重新開始，這種心態我難以接受。我以前在新創時認爲，市場的運作跟公司的年度財務規畫沒有關係，看到機會和需要就要投入，不應該這麼墨守成規，一月一日只是十二月三十一日之後的下一天。現在我的心態調整了，也接受了規畫的重要性，明白每一個財政年度是對企業股東提交成績單，對政府稅收的承諾，這也是一種企業社會責任的表現。

個人收入模式的考慮，我的心態也妥協了。在新創時，每個月基本工資以外，就是期盼拿到多少股票和認股權，股票和認股權往往是非常飄渺的，像白紙一張，沒有到上市一刻和過了限制期後，都不知道應該填上一個什麼數字，價值只是一種名義上的理想，整個過程可說是非常刺激。

到了這家百年老店後就不一樣了，除了基本工資之外，年終獎金也拿到了，價值也是預期內，就是一個固定的機制和計算，不會有太大的出入。員工的股票認購後，股價也不會有什麼大幅波動，這樣的遊戲一點也不刺激，不過勝在夠穩定。

適度的妥協與調整

對於這些，我選擇妥協和適應，我的性格因爲周邊的環境作出一些自然的調整，我成功改變了對工作和企業環境的態度，卻保留了一些個人風格的底線。我還是那個對眼前現況和習慣經常提出質疑的人，有挑戰傳統文化和操作的傾向；有些同事覺得我有點與眾不同，有些認爲我有點叛逆，我堅持這一點，我可以保留這種性格上的優勢，這就是我的資產。

另外一個差異就是我過去的職業發展經歷過不少挫折，遇上不少關鍵的失敗。失敗的經驗是價值，這讓我對失敗產生了免疫，我不再害怕它，我願意在合情合理和合乎規範的情況下冒風險，以獲取經營上的回報。大部分的同仁剛好相反，在企業內做事必須要成功，失敗會被問責，久而久之，願意冒風險的人越來越少。我不怕失敗，但是我喜歡追求成功，也敢於承擔風險、勇於做決定，管理層也逐步看到我這種態度。

加入這企業不到兩年，公司看到我的激情、勇氣和潛力，和擁有不一樣的背景與思維，鼓勵我在企業內爭取更大的發展空間，所以推薦我參加由企業總部主辦的一個全球性人才培養計畫。全球每年大約有四個名額，亞太地區每年一個，參與者在兩年內，在世界各地選擇四個城市輪換，參與不同的業務，快速地站在高點了解企業內部生態和世界各地市場運作。

這樣的機會一般是給予剛從大學碩士課程畢業的學生，內部員工參與的機會比較少。我有幸被邀請，當然是欣然接受這個挑戰，也再次成為企業實習生，一個超齡實習生。

TIPS 人生學程

- 改變是唯一的出路。
- 表達意見，需要討論就一起討論，結論出來了就得以接受，求同存異。
- 在合情合理和合乎規範的情況下冒風險，以獲取經營上的回報。

再次流進大海裡

童年時在一個偶然的場合，我被一位對命理有研究的人指點，我可關注離開祖門的機會，海外會讓我成長。那時候，我對命運這學問沒有考究或認同，聽聽罷了，也不知道他對多少人說過這句話。

兒時，我是一滴在原居民族群內池塘的水，從平靜的池塘流進驚險而刺激的河流，突破重重障礙，在河口處對大海產生了好奇和期盼。終於，我流進大海了，走進劍橋。現在，我成爲企業全球實習生，再次流進大海裡游蕩。

回想，是否我的一舉一動和每一個決定，已經潛意識地被這個經歷所影響？一切都是巧合嗎？還是，這就是半信半疑的命運？

培養國際視野

言歸正傳，這不是一般的實習生計畫，是企業總部的全球人才培訓計畫，參與者需要具備國際視野，在兩年內參與企業各式各樣的業務，從內部的人力資源、財務管理、企業規畫，到面對外部的市場行銷等。企業總部管理層希望參與者能夠在短短的兩年內，生活和工作在不同國家，體驗多元的文化，參與各式各樣的業務，在這過程中培養出更強的學習能力、適應力和世界觀，畢業後在企業內繼續作出貢獻。

我第一個選擇的地方是德國南部一個小鎮 Penzberg，一個過去幾百年以煤炭開採為經濟支柱的小鎮。它位於巴伐利亞州的南部，距離慕尼黑半小時車程，這個小鎮人口不到兩萬，煤炭業沒落後，卻逐步建立成爲歐洲最大的生物科技基地之一，全球大量的醫療產品的原材料就在這小鎮內生產。這地方非常特別，在缺乏各種有利條件下，能夠善用土地資源，與當地大自然環境取得平衡，成爲一個舉足輕重的生技基地。

我第二個去的地方是上海，從德國這清幽的小鎮轉到上海這個快速發展的亞洲大城市時，頓時覺得身邊一切的人和事的速度都異常快速，才適應後不久，又要轉到下一站。接下來，我去了瑞士Basel。在這個生活成本異常昂貴的歐陸城市，讓我看到當地追求高品質和優質的文化，從鐘錶、生活用品到休閒娛樂工具，無一不是精緻生活的呈現。

我拿的是亞洲的薪資，在瑞士生活壓力非常大。有一個朋友曾經在這裡的河畔經營一家餐廳，一個負責清潔工作的員工，每月稅前薪資可達到新台幣十二萬，每年有一個月的有薪假期，需要另外再請一個臨時工，所以，單是薪資成本就接近新台幣一百六十萬。因爲餐廳所在地是一棟需要特別保存修復的老房子，不能隨便找一家裝潢公司執行工程，專門承包這類工程的公司價格不菲，總成本最終轉嫁到消費者身上。餐廳的經營處境也許就是瑞士營商的一個縮影，説明了爲什麼瑞士的生活成本如此高昂。

最後一站為加州舊金山，一個比較特別的經歷，那時剛好碰上美國總統大選，我直接看到這個社會的選舉文化，見證歐巴馬當選總統的歷史時刻。在這段時間，我經常光顧一家餐廳，餐廳內擺放了一台電視，通常都是播放新聞節目。用餐時間有不少人一邊用餐，一邊看新聞，同時討論著大選議題。

當地人在討論過程中，免不了透露出他們的喜好和看法，真佩服當地人的民主素養，表面上大致體現出「和而不同」的素質。結果，歐巴馬以三百六十五對一百七十三選舉人票成功當選。結果出來後，他們繼續議論，偶爾出現一點不服氣的情緒，但是整體上還是心平氣和的，舊金山海灣地區的確是一個普遍教育程度高和多元的社會。

我有機會參與了幾個滿特別的專案，比如進入一家被企業併購的新創公司，進行併購後產品擴增使用範圍的評估。我以一個實習生名義，面對這些股票被買斷的新創創辦人富豪，爲他們評估致富技術的前景；可想而知，懸殊的背景差異在互動時帶來不少阻力。另外一個比較特別的專案，就是去美國加州一個企業的重要據點，對當地的經營進行效益評估。同樣的，一個實習生跑過來，向一群一直為公司帶來龐大收益的高級員工探討過去的效益，誰會認真對待我呢？

商業社會非常現實，選擇下一站時，當地的管理層總是希望給予我短暫學習機會，卻要考慮到延續性和資歷的限制。給予一些無關痛癢的企畫案不符合計畫原則或學員的期待，給予重要的企畫案也害怕我的承擔能力或需要長期跟進。從另一個角度去看，我去的每一個地方都沒有歷史包袱（legacy），可以暢所欲言，放手去做，這往往是當地的管理層眼裡的一個優點。找到雙方都滿意的企畫案並不容易，四個輪換的職位中，我找了一個非常滿意，兩個滿意的輪換，算是不錯的成績。

每一次的職務輪替只有六個月，帶給生活巨大挑戰。每次輪換到新地方，都要面對生活與工作中許多事務的重新安排，從申請工作簽證、隨身物品的運送、住宿安排、駕駛執照、銀行帳戶管理等。這些事情一環扣一環，總有許多次不順利的部署，長期下來，培養了自我管理的自律，學會了如何管理挫折和凡事不埋怨的性格。每次到一個新地方，都是新的嘗試，過去沒有相關經驗可依循，只能從生活上的細節獲取大量的體驗。

從工作旅程中看見世界

這兩年的工作和生活讓我體驗了什麼是頻繁飛行，不斷穿梭於歐洲、亞洲和美國各地。在德國工作時，曾經環繞了地球一周，由慕尼黑出發，經過印度孟買、海德拉巴和班加羅爾、新加坡、台北，到最後一站美國的印第安納波利斯，然後返回慕尼黑。轉眼間，完成了兩年的培訓，需要回到日常的企業工作生涯，需要面對現實，在企業內部找一份工作。為了公平原則，同時也是考驗求生能力，如同其他實習生一樣，公司並沒有安排特定的工作給我。最後我在大陸分公司位於上海的總部，找到了一份總監級別的管理層工作。

這樣的回歸是一個新階段的開始，過去兩年的鍛鍊就像一個飛機跑道，讓我起飛。起飛後，找出要飛去哪裡、要飛得多遠和多高就要靠自己。自從加入這個企業，到成爲職業經理人，我這才真正地體驗了什麼是企業生涯，也融入了這體系，一步一步發展，找到了滿足感和成就感。

四年前，當我從新創事業失敗陷入迷茫時，幫助我分析個人發展和職涯追求，鼓勵我加入大型跨國企業，鍛鍊心智和累積管理經驗的彭老板，卻突然因為感染症而離開人世了。以後每一天在外企打拚時，我都抱著感恩的心，我將永遠懷念他。

我的步伐沒有因爲在上海辦事處找到了一份管理層工作而停下來，接下來還是頻繁的出差。大陸地域廣大，客戶期待面對面的互動和關懷，試想，如果每個月去一趟北京和廣州等這幾個一線城市見見客戶，每一個季度去一趟十幾個二線城市，每一年去一趟爲數不少的重點三線城市，這狀況將如何？

要滿足客戶的期待，一週內到兩、三個不同的大陸城市，住上五晚飯店，是相當普遍的日常生活。有一年年初，排滿了短途旅程，三週內我入住了大約十家飯店，回想起來也有點驚訝。頻繁地轉換陌生的飯店，對身心都是一種壓力和挑戰，我要習慣快速地適應新環境，找出安心入睡的方式。因此，多年來我培養了幾個小習慣，每次出外遠行都牢牢記在心裡。

每次到達一個陌生地點，我總會花點時間了解一下所在位置，周邊地理環境，查看一下機場和火車站的位置，哪裡有山，哪裡有水，距離海邊有多遠，附近有什麼路標，也會看看飯店附近有什麼店鋪，獨自走動是否安全等等。我並不是要找地方去，也不是準備單獨外出走走，只是習慣性的認識一下所處的方位和周邊環境，讓自己對四周的環境有一定程度的把握，能夠安心一點，追求心理上的平穩。

飯店的故事太多了，充斥在各種媒體和社交圈，讓人有點畏懼。我每次入住飯店，總是以客人借宿一夜的態度，不反客爲主才能夠在晚上睡得安穩。短程的旅途一般不會對順利入睡構成什麼問題，但我也會注意白天的飲食習慣，盡可能不要喝過量的咖啡因類飲料。

飛長途時就必須格外留心，因為生理時鐘是應對時差的最大障礙之一，我習慣從飲食和機艙上的活動就開始調整。長途飛行前的一段時間，我會避免喝含有咖啡因的飲料，上飛機後馬上按照目的地的當地時間作業、餐飲和睡眠，並爭取在目的時間的一大早來一杯紅茶。縱使飛機上的螢幕和餐飲的吸引力很大，我仍然會堅持這些習慣，才能夠飛到哪裡，依照當地時間入睡，調整好生理時鐘，避免出現令人煩惱的時差。

從成爲企業實習生到常駐上海辦事處的幾年間，我累積了多少飛行和高鐵里程數？有一天晚上，我大約細算一下，這距離可以環遊地球多少圈？可以從地球來回月球多少趟？這種計算也帶給我內心的矛盾，龐大市場地域因素，加上客戶對面對面交流的期待，導致驚人的公里數和二氧化碳的排放量。

單看公里數不算什麼，不知道是地球與太陽多少分之一的距離？以光速說明一下，由太陽發出來的光抵達到我們所在的太陽系邊緣也只要大約十四個小時，如果以光速飛行，我的旅程只需要幾秒？是太陽系半徑的多少千分之一？頓然，我覺得自己非常渺小，發生在身邊的一些工作，其帶來的壓力和困惑都微不足道，過眼雲煙而已，不知不覺中我竟然睡著了。

頻繁的旅程也改變了我的世界觀。

曾經到過全球各地一百多個城市，走在路上習慣性眼觀四面，耳聽八方，接觸在同一個天空下的多元文化，感受不同社會不一樣的價值觀，體會各式各樣的生活圈和模式，觀察每個地方每一個人的習慣、追求和選擇。無數路人的故事告訴我，生活既複雜又簡單，在有限資源下享受每一天的生活已經是一個非常不錯的選項。我用心記下所見、所聞、所想和所感，許多新鮮事衝擊著我對於周遭事物的既有看法，於是我鼓勵自己用不一樣的角度處理日常的事務。

TIPS 人生學程

- 體驗多元的文化，參與各式各樣的業務，在這過程中培養出更強的學習能力、適應力和世界觀。
- 每次到達一個陌生地點，我總會花點時間了解一下所在位置，周邊地理環境，讓自己對四周的環境有一定程度的把握，追求心理上的平穩。
- 我用心記下所見、所聞、所想和所感，鼓勵自己用不一樣的角度處理日常的事務。

放手一搏的勇氣

大陸是一個朝氣勃勃的市場，我在大陸分公司的上海總部辦公室獲得了一份管理工作，認識我的人都爲我高興。我曾經周遊列國，體驗各地的生活，感受各地的經濟動力。大多數的人在媒體上或朋友口中，了解到大陸的經濟發展迅速，帶來無數的機會。現在身處大陸，跑進各大城市，我親眼看到，親身感受和體驗，與媒體上或朋友口中的繁華沒有很大的差異，我並未感到驚訝。

卻有一件事，我身歷其中，並且為之感動了，這並非在媒體上能有所感，卻帶給我無限的思索，這就是「春運」，指的是大陸在農曆春節前後的一種大規模的高流量交通運輸及堵塞現象。春運高峰期橫跨春節前後十五天，號稱是「地表最大規模人口遷徙」，至少有三億人在大陸九百多萬平方公里的土地上流動著。

這遷徙是四面八方的，沒有一個單一方向，往往讓城市的火車站、長途公車站，以及機場擠滿了趕著回家的人。頻繁的出差，讓我幾乎每一年都在不同的程度上與春運相遇，每當碰上這人流，我深深感受到其背後的意義和故事。我想到很多事情，認爲可以做很多的事，卻又無能爲力。這種思索一年復一年，我心裡在問：十年後的景象將如何？二十年後呢？這種模式橫跨多少代人？影響多少代人？

春運帶來的觸動

大陸的城市創造了大量就業機會，不少生活在農村的人爲了養活自己和家人，離鄉背井到大城市打拚，每一年甚至兩年才有機會和資源回家和親人見面，新年是比較容易獲得假期的時間，也是家庭團聚的傳統大日子，理所當然地出現交通壅塞這類狀況。過程中帶給交通系統的壓力，人與人直接且激烈的空間競爭，這狀況與二〇二〇年大家常常說的「社交距離」實在是天淵之別。

回家短暫團聚的民工隨身帶回家的物資能讓他們家人高興萬分，但是在城市中、上層生活的家庭來說，這些只是隨手可得甚至剩餘的物質，兩種生活條件的差異可想而知。喜悅並不是理所當然，因經濟或其他原因，兩手空空回家面對父母和孩子的人來說，團聚雖然是一種期盼和喜悅，缺乏物資也可以是一種對前景的擔憂，對家人帶來巨大壓力。對負擔不起春節回家路費、買不到票、遇上天氣狀況滯留，或其他原因錯過家庭團聚的人來說，只能無奈地面對失落和傷感，農村內的父母和兒女只能夠期盼一年後的團聚機會。

參與在春運中的人來自不同的階層，擁有各式各樣的背景，也有自己的獨特性。人群中，爲數不少的是來自農村弱勢家庭，離鄉背井出外打工是一個普遍出路，也是這個階層的一種集體文化。到底有多少人出外打工呢？這數字真的不好計算。或許，可以換一個角度去分析，即留守兒童的數目。據二〇〇〇年第五次人口普查資料顯示，大陸農村留守兒童兩千萬人，到了二〇一三年五月，留守兒童估計已經超過六千萬，這意味著長期出門打工的父母數目接近一億人，還要加上還沒有當上父母的成年人。

有一點幾乎可以肯定，無數在農村生活的人，爲了給自己和家人更好的經濟條件，面對眾多不確定因素，已經改變自己的生活模式，克服思鄉情懷，走出一條成功的道路。的確，從不少身邊朋友提到他們的農村有大量民眾出走，快速地帶動經濟發展和生活改善。另一方面，每當看到媒體上關於留守兒童的悲劇，我心裡總是聯想到春運的深刻景象，這種背負著離鄉的工作壓力，獨特的農村階層集體文化，一直衝擊著我對大陸社會發展和兒童成長模式的看法，這可能影響幾代人的心態。

集體經濟的爆發力

在大陸，集體文化無處不在，種類繁多，規模和影響力巨大。我記得，身處大陸一些一、二線城市時，晚上熱鬧非常。夜市內高談闊論的對話，KTV店內大大小小的房間總是不斷傳出，喝多了酒，震耳若聾，唱出類似的歌聲，如「我像一隻小鳥般，不斷飛不斷飛，飛得更高更高」，兄弟般的情誼，打造不一樣的未來的「不再猶豫」，「我們不一樣」，「張開手，需要多大的勇氣，這片天你我一起撐起，更努力只為了我們想要的明天」。

這種夜間經濟在大陸非常流行，從晚上六點到清晨六點的活動對整體經濟構成一個重要的動力，當中以 KTV 和宵夜是最爲普遍的聯誼活動。朋友、同事、老同學、夥伴等，偶然在深夜時分一呼百應光顧夜宵市場，不是在乎吃飽，而是在半醉半醒時交心、訴苦和分享，好讓第二天起來時再次充滿力量地打拚。這種夜間經濟的感染力，反映了小康階層的集體文化。在經濟層面，白天辛勤的人養活了無數夜間經濟的從業員，夜間經濟的從業員也需要日間經濟的服務，這種模式就像滾雪球一樣。

我有不少從事經銷和物流起家的朋友，二十多年前，他們只是普通的個體戶，有些踩三輪車送貨，他們把握了大陸經濟起飛的機會，在各領域建立了自己的商業版圖。現在他們擁有自己的企業，從事各類性質的業務，我不確定他們身家有多少，從公開的公司財務報表來看，大多從幾億到幾十億人民幣。我敬仰他們不是因爲他的財富，而是他們的決心、努力和經歷，也有他們爲人的誠信、義氣和對下一代的栽培。

其中一位朋友把上海浦西淮海中路某知名公館，承包下來經營一間高級私人餐飲會館，這是一家非常老的法式房子，聽說是大約一百年前，一位上海租界著名人物的舊居，這房子的建築材料非常優質，保存得非常好。我喜歡在這裡午餐有好幾個原因，包括安靜、舒服、優雅和高品質的菜式；還有一個更大的原因，這朋友是一位真真正正白手起家的富豪，在他身邊往往被他的魄力、激情和決心所感染。他們，代表了白手起家階層的集體文化。

我曾經受邀參與一個慈善拍賣活動，捐出我的劍橋大學論文，拍賣收益給予一家自閉症兒童基金會，幫助弱勢兒童。我與兩個朋友在台上，分享論文背後的故事，希望可以拍賣多一點錢。出乎意料，我這本論文的戰況異常激烈，台下幾個白手起家的富豪不斷舉手，最後成交價落在四十多萬人民幣。我好奇去問得主的意圖，得知他經歷非常貧窮的童年，希望回饋社會和幫助弱勢兒童，給予他們機會，同時把論文送給自己的兒子，鼓勵他努力求學。或許，這就是白手起家富豪的典型心態。

從農村出來打工、日間努力打拚、從事夜間經濟活動的人，到白手起家的富豪，他們有著不同的背景、學歷、代表了不同的社會階層、擁有天淵之別的財富，追求著不一樣的人生和經濟目標。但是，他們擁有一個共同點，就是體內流動著龐大的激情，在人生的不同階段抱著放手一搏的勇氣。我身處其中，被他們感染，澎湃的熱情推動我，要在這個社會做一點貢獻和做出一番成績。

TIPS 人生學程

- 集體文化無處不在，種類繁多，規模和影響力巨大。
- 經濟的感染力，反映了階層的集體文化。
- 不同的社會階層、擁有天淵之別的財富，追求著不一樣的人生和經濟目標。但是，他們擁有一個共同點，就是體內流動著龐大的激情，在人生的不同階段抱著放手一搏的勇氣。

瞄準市場缺口，顛覆傳統模式

我剛剛到上海時，體會到經濟發展的巨大差異，大城市的發達程度不亞於歐美或亞洲的大都會的高收入人群，貧窮的地區，尤其是偏遠的農村，溫飽和基本醫療也構成問題。我沒有正式的統計數據，當年生活富裕的一群或許有兩、三億人，生活有待大幅度提升的說不定達到七、八億。經濟回報固然重要，可是，我們是一家良心企業，社會責任放在第一位。在這種狀況下，我該如何設定商業策略？目標服務群組在哪裡？

大陸是一個非常重視中央規畫的社會，政府的執行力度全球數一數二，大家看一下二〇二〇年全球疫情發生時，政府如何調配醫護資源參與防治，如何動員各行各業投入相關防疫產品研發、生產和配送，如何對發現感染個案的區域進行管控和篩檢。這種高度規畫和協調的執行能力，讓全世界的人嘆爲觀止。其實，在發生這次疫情前，大陸的醫療系統一直處於高度規畫的模式，頻繁地出現中央下放的公文，強而有力地讓全體省市、政府機關和商業機構高度配合。

因此，我雖擁有澎湃的激情，也不會盲目地往前走，這是我在大陸發展業務的座右銘。我深深明白大陸經營的獨特性，一切必須依據政府決策者的遠見和規畫，依靠政府機構、專家以及企業的共同推動。民眾眼前所享受的醫療服務，並不是理所當然的出現，是透過大量從上而下的協調，一步步從技術發明、研發、生產到行銷領域。我的團隊充分掌握了這要訣，奠定了基礎，如順著水流般，一步一步邁向目的地，獲取成功，以下幾個例子最值得我的團隊驕傲。

配合當地政策，推動醫療計畫

生活在華人社區，我相信大家都聽過肝炎以及相關疾病的嚴重性，其對社會構成的困擾和巨大經濟成本。B型肝炎尤其嚴重，在大陸的感染者，以數千萬計，占世界總數約三分之一。其實，治療B型和C型肝炎的藥物越來越多，療效也越來越大，服用方法也越來越便利，這些都是病人的福音。經歷多年的新藥品上市和治療演變，C型肝炎感染已經可以徹底被根治，B型肝炎感染也可以被抑制到一個穩定和低風險水準。

這理應是一個巨大的鼓舞，可是問題卻隨之出現。藥物的療效往往就是直接把體內的B型和C型肝炎病毒抑制，甚至完全消滅，醫療機構有沒有相關的工具去精準地觀測患者血液內的病毒量，從而判斷治療效果？雖然這種方法沿用多年，但是其精密度和靈敏度已經到了瓶頸，沒能夠探測微量的病毒。在這種情況下，就算擁有最有效的藥物，治療成效也容易出現判斷，對肝炎的徹底根治或控制構成影響。

我們配合政府的公開規畫和響應，引進全球最先進的高靈敏檢測解決方案，精準地判讀病患體內的病毒量，大大提高了治療成效的判讀，讓醫師更精準地為病患設計治療策略。我們的參與促進了專家的新共識，廣泛地帶給患者更好的醫療價值，我們顛覆了使用多年的醫療習慣。我們自豪地參與了這計畫，造福人群，在專家的醫學文獻和媒體中出現大量描述，公開地提到我們廣泛的參與和貢獻。隨後，其他的廠商陸續參考我們的做法，淘汰既有的技術和產品，一起走上「高靈敏檢測」這條路，造福民眾。

「捐血救人」這句話深入人心，輸血為大量手術提供了基礎，救活無數病患。很難想像，如果有一天輸血服務突然停頓，整個醫療系統將如何面對？這種狀況發生的可能性不大，但是輸血安全的話題，如輸血過程中被感染了傳染病，在過去的二、三十年，偶爾也會出現於媒體上。

這問題從人類發明輸血的第一天已經發生，到今天也沒有徹底杜絕，全世界每一個經濟體系也面對這挑戰，包括大陸。可喜的是，隨著科技的進步，輸血安全標準越來越高，因輸血被感染了傳染病的風險越來越低。我的團隊見證了這個快速進步的過程，也榮幸地有機會參與其中。

同樣地，我們響應大陸政府的公開規畫，引進全球最先進的設備，一個獲得諾貝爾獎的技術，對每一份捐血進行病毒篩檢。計畫剛開始時，雖然面對著不明朗的因素，但是我們果斷和快速地招募大量技術人員，在一個月內以驚人的速度，為參與這個政府計畫的捐血站成功安裝設備。

據我們內部了解，這速度打破了這類型設備全球最快的安裝速度，不只協助捐血站大幅度提高輸血安全，把因輸血感染傳染病的風險壓倒最低水準，也贏得了政府對我們執行能力和工作品質的信任，為之後大規模的普及化打下基礎，讓我們成爲這行業的最大供應商。幾乎每一個家庭都有家庭成員，在人生的某個階段接受輸血，我們的成績讓每一個同仁的家庭受惠，為此我感到非常驕傲！

精準醫療往往被認爲是非常高大上（尖端）或石破天驚的醫療科技，其實，這只是一個形容詞，範圍是可以非常廣泛，能夠用精準的方法幫助醫護判斷和決策，為病人帶來重大價值，為社會提高效益，已經到達精準醫療的目的。

這可以從常見的疾病開始，以癌症爲例，這是每一個家庭息息相關的醫療題目，這疾病帶給無數家庭憂慮、壓力和負擔。最傳統的治療方法眾多，包括化療、電療和手術，可是人類對身體同一個部位的癌症所知有限，往往認為不同病人身上的病理雷同，治療也有共通性，讓這方面治療效益偏低。

但是，隨著基因、免疫、細胞傳達等領域的研究的進步，人類對癌症治療的方法也越來越有針對性，其療效也越來越高。這些領域的進步改變了相關認知，發現同一個部位的癌症病因在基因、免疫和細胞傳達層面的差異可以是甚大。有了這些認識，針對性治療也陸續出現，個性化精準診斷和治療的概念逐步成形。

我們也不甘人後，引進這些新技術到市場，積極地參與了這顛覆性的領域，為大量癌症病人帶來更精準的服務。可是，我們被質疑新技術成本比較高，於是我們聯手頂尖專家，用上健康經濟學（health economics）説明這額外的成本可以為病患減少整體的開支，獲得更大的醫療效益，為社會提高了產值，這種創新的做法讓我們逐步獲得社會、醫療界和病患的認同。

我們看準全新的市場契機，萬事具備，只等待政府相關決策部門一聲號令，即刻出發。成功也非必然的，關鍵因素眾多，包括產品、團隊勇氣和心態、公司的決心；我的團隊擁有龐大的熱情和膽量，去征服未知的恐懼，成爲以上領域的領頭羊。

我要求團隊無時無刻要探索更大的可能，不要滿足於現狀，沒有完美，只有更好的客戶和病人解決方案。只要符合相關法規和道德原則，經營作風可以靈活多變，面對不明確的未來，在做好風險管理下，不妨賭一賭。我們顛覆了傳統做法，從不到二十人的團隊，在短短幾年間，增長了二十倍。無論如何，我們最高興的是病人受惠了，社會的醫療負擔減輕了，這就是企業社會責任之一。

TIPS 人生學程

- 成功非必然，關鍵因素眾多，包括產品、團隊勇氣和心態、公司的決心。
- 團隊無時無刻要探索更大的可能，不要滿足於現狀，沒有完美，只有更好的客戶和病人解決方案。

一語道破：豁然開朗，目標成真

提升軟實力

過去幾年的責任和成績，讓我逐步邁向職業經理人的方向發展。在這現代化的職場，資訊大爆炸，人與人之間的互動走向多元，決策的速度前所未有。職業經理人面臨諸多要求和期盼，務必與時間並進，不斷提升自身的知識、實力和智慧。我沒有例外，也因此參加了不少的培訓課程，不斷琢磨和歷練自己。

曾經參與過的課程並非千篇一律，是隨著社會和經濟環境變化，搭配個人發展志向、方向和規畫，而逐步優化和演變的課程，是團體培訓規畫與個人特定需要的混合體。

早期階段，參與的課程以硬能力（hard skills）爲主，集中於專業知識與技能，如宏觀醫療市場、病理、產品、行銷技巧、團隊管理、財務分析、企業管理、社會責任、合法和道德經營、法律等。學習這些硬能力比較簡單，透過努力溫習和良好記憶力，再加上思考便可以達成，參與這些課程也比較方便和靈活，最多兩、三天時間完成。

課程後就是實踐（practice），這也不難，只要在不疾不徐的狀態下一般都能做到。以服務客戶和關懷病患爲例，同仁需要激情和同情心，毫無疑問，這是我們的天職。但是，公司的每一個決定都帶有成本和財務風險的考慮，如醫療設備成本高昂，需要資本投資（capital investment），構成隨後五年的折舊（depreciation）成本攤提。

這個行業的醫療設備成本是一般人難以理解的昂貴，從研發、臨床試驗、監管機構審核、生產廠房、倉庫、零配件、運送、上市、安裝和維護，每一個環節都受到非常嚴謹的法規監管，成本巨大。因此，同仁具備激情和同情心時，也需要做點財務分析，這樣才能夠讓企業長久經營下去，病患獲得持續性照顧。

三個讚，一個建議

團隊管理方面，我謹記「三個讚，一個建議」的原則，面對下屬或同仁討論工作表現時，先看看好的一面，說三個正面的觀察給予對方鼓勵，然後才給一個建議。給建議的方法也需要技巧，盡量不用「缺點」這些詞，用「發展領域」比較正面。同仁聽了後也比較舒服和獲得鼓勵，這樣他們才願意聆聽和反思。我提醒自己，這世界沒有完美的人，多方發揮一個人的長處和優點，利用團隊分工合作互補不足。如果把重點放在缺點上，雙方都很辛苦，永遠找不到一個可用的人和團隊。

近年，世界商業環境急速變化，帶動了工作環境和職場生態的演變，個人方面，我的管理責任也逐步遞升。隨之而來的課程改以軟實力（soft skills）爲主，時間、地點和投入程度與硬能力差異甚大。去了不少地方，包括歐洲工商管理學院新加坡分校（INSEAD Singapore）、倫敦商學院（London Business School）和南洋理工大學（Nanyang Technological University）。這些課程不是三、五天這麼簡單，某些維持的時間長達一年，以模組（modules）爲主。一個完整的課程分爲兩、三個模塊，每個大約四天，模塊之間相隔幾個月。過程中，同學和導師保持聯繫，互相分享和提示在日常工作和生活中對軟實力的實踐。

什麼是軟實力？說來有點虛無縹緲，包括心理素質、內心的我、性格分析、行爲傾向、意識形態等，數之不盡的無形的（intangible）質與量。針對軟實力培訓的工具（tools）種類繁多，是企業顧問行業的一大產業，市場上有大量的專業機構和個人導師參與其中。我曾經參與或使用過的培訓工具繁多，包括簡單直接，如員工可以從周圍工作的人那裡獲得啓發、匿名的反饋（feedback）的三百六十度、提供的見解將挑戰並改變您對人性、領導力和績效的看法的性格評估 Hogan，比較複雜的如：提供內部一致，有效的領導力發展衡量標準，領導者垂直發展的綜合鏡頭的 Leadership Circle Profile。

與學習硬能力不一樣，軟實力（soft skills）不是靠努力讀書和記憶力達成。這是深層次的自我了解和參與，我需要在個人精神、心態和行爲上做出全方位妥協，融合到每一天的工作和與身邊人的互動中。簡而言之，我要進步必須先要克服一些與心智相關的先決條件，不要害羞，不用擔心，不要慚愧，只需鼓起勇氣，營造一個氛圍鼓勵身邊同仁勇於在我面前說真話，接受自我的深度認識。

軟實力的提升，真的不是這麼簡單，在課堂上最大的收穫是學習理論和原則，與同學和導師的活動中人認知到課程對個人目標的關係。回到日常工作後卻是最關鍵的，我要無時無刻對反饋保持與堅持３Ａ原則，即**aware**（意識到）、**accept**（接受）、**action**（行動）。

談到我執行的經歷，說來容易，堅持下去非常困難。

堅持學習循環的理念

離開課堂後，回到正常的工作職務，日常工作是充滿業績（**performance**）的壓力和期待，無時無刻需要卓越表現和成績。每一件事情出現時，我的思維模式非常容易走進表現循環（performance loop），這種以經驗導向的習慣或許能夠解決眼前問題，但是對豐富閱歷幫助不大。我需要的是學習循環（learning loop），這樣的心理狀態能讓我探索更多的可能性，學習新方法，充實自己的閱歷。要成功，我必須要養成學習循環這習慣。我很努力，但是最多給到自己五十分，反反覆覆的徘徊於表現循環與學習循環，我認爲這分數已經不錯，是追求處理日常業務效率和個人學習進步的一個平衡。

我必須記住七十二小時魔咒，即是一般人離開軟實力課程班的七十二小時後，便把學堂內提升軟實力的回饋、心理元素和技巧忘記得一乾二淨。我堅持下去，就算面對許許多多的日常工作和壓力，我成功超越這七十二小時魔咒。離開課堂後，我的腦袋必須保持著成長心態狀態（growth mindset），避免固定思維狀態（fixed mindset）；具有固定思維方式的人會受其信念和思想所束縛，有成長心態的人可以在自己的思想和信念中找到自由，讓你想像得更多，發掘更多的可能性。我也做到了，縱使不是百分之百。

在成長心態驅使下，我面對回饋或批評時，冷靜地消化和做出自我反思（self-reflection），嘗試在思維層面退一步，而不是即時以解釋作爲反應，做到這一點靠的是忍和耐心。我也格外留神一個普遍性的現象，奉承（pleasing）往往成爲職業經理人的盲點，或許就某程度上一直出現在我身上。

熟讀歷史或政治的人應該對「取悅」這名稱不陌生，這是一個非常普遍的現象，干擾著每一個人的決策，這潛意識提供了決策者一種舒服的感覺和安全感，久而久之，身邊的人只剩下懂得取悅你的人。我努力擺脫這種狀況，面對奉承時我冷冷的回應，不表現出喜悅，我也曾經直接跟不斷奉承我的人說，請不要這樣。

被奉承的感覺的確不錯，但是，我害怕被奉承，這種文化會導致搜集情報出現偏差，逐步形成一個自得其樂和信心滿滿的感覺，泡沫也隨之出現。在這泡沫內，充斥著奉承的話，甚至變成一言堂。決策者和身邊人活在這泡沫中，也許感覺良好，貌似充滿正能量，執行過程中沒有不同意見產生的障礙，表面看來非常順利和高效率，大家都高興，何樂而不爲。

久而久之，泡沫不斷被奉承的話和一言堂所膨脹，與外界的客觀環境的差異逐步增加。如果泡沫沒有修正過來，長期活在自我感覺良好的空間，逐步遠離客觀的事實，後果可能只有在某個時間被某個因素刺破，落得一場空。

TIPS 人生學程

- 職業經理人面臨諸多要求和期盼，務必與時間並進，不斷提升自身的知識、實力和智慧。
- 世界沒有完美的人，多方發揮一個人的長處和優點，利用團隊分工合作互補不足。
- 面對回饋或批評時，冷靜地消化和做出自我反思，而不是即時以解釋作爲反應。

不怕失敗，但是要贏

曾經參加新加坡南洋理工大學協辦的一個短期領導力課程，課程主任為黃昭虎（C.H. Wee）教授。黃教授是一位十分受歡迎的國際會議演講者，他擅長的專題包括企業管理、領導力、行銷和策略。他發表了不少著作，當中關於應用孫子兵法的多本著作都登上新加坡暢銷書排行榜，應用於商業運作和管理獲得廣大認可。

《孫子兵法》這部著作短短十三篇，約六千字文言文，翻譯出來的現代用語、外國語言翻譯版、套用到各領域的應用版，甚至動漫等，多不勝數。其應用非常廣泛，從戰爭、政治、經濟、商業，以至日常的生活，不少人對孫子兵法有一定程度的誤解，認爲這部兵法主調是教導人如何打仗和如何打贏一場仗。

我看完之後，與眾多人的了解一樣，覺得《孫子兵法》並不是鼓勵戰爭，其主調更不是教人如何打敗對手，而是鼓吹非戰慎戰的思維。我看了幾遍後，認爲這著作能幫助了解利益、矛盾和衝突背後原因，掌握對手和參與者的思維模式，甚至嘗試換位思考找出對方的想法，計算出各種策略，如何調動組織、架構、流程和管理，用最少的成本獲取想要的結果，這正是要成功必先立於不敗之地的理念。

讀《孫子兵法》時讓我想起大學讀書時，我最愛的其中一個課程是賽局理論。現實世界裡，你必然跟其他人同在，你的活動空間就與別人的活動空間相互產生影響，你不知道他打算做什麼，他也不知道你打算做什麼。賽局理論考慮個體的預測行為和實際行為，各方各自具有不同的利益、目標和底線。為了達到最大收穫，你必須考慮對手或參與者的各種可能方案、行動和反應，並力求規畫出對自己最為有利的方案，並持續地研究和制定優化策略。

要注意的是，賽局理論並不保證把你帶到最理想的結果，它可以透過邏輯地畫出各種可能性和其或然率，接下來就是在或然率和結果之間做一個方向性的決定或走動。

我琢磨了兩千多年前東方的孫子兵法，回想大學時期研究了一下近代西方的賽局理論，從各課程中領悟了軟實力。我嘗試把這些學說和技巧串聯在一起，表面看來簡單直接，執行起來發現並不容易。我領悟到，把這些思維和技巧混合一起在日常的生活中使用，需要龐大的基礎，如資訊搜集和分析、觀測和計算，心理層面，也需要強大的素質，如冷靜、勇氣、耐性、剛強的意志等。如果認真研究，這可以是一個複雜的課題，足夠寫一本博士論文，當然，我沒有深入研究下去，只是回到日常生活，能套用多少就多少。

活用知識，成為執行的動力

商場如戰場，我再進一步嘗試，簡單點，拋開複雜的科學頭腦，用最小可行產品（minimum viable product）原則，設計出一套能夠在日常工作中，隨便和簡易地使用的習慣，並找出執行的第一步，即不偏不倚地有效搜集資訊、分析、觀測和計算。

我所指的是避免「圍爐取暖」，是一群人不自覺地樂在其中的一個習慣。從行爲學角度看，社會資訊越來越發達、流通和多元化，不等於大家能更容易獲取更多維度和多元的資訊。「圍爐取暖」效應就是原因之一。

一群擁有相同理念的人走在一起，互相照顧、分享和支持，加強了圈子裡的觀點、信念和價值觀，久而久之，認爲自己的理解是必然的正道，逐步看不見現實世界裡與其觀念有衝突的觀點以及事實根據，夥伴的壓力和領導地位也導致退一步困難重重。這情況如一群人圍爐取暖一樣，眼前的溫暖讓大家感覺良好，也讓大家團結一致，假設理所當然變成所謂的事實，已經看不到後方的景觀，更不用說換位思考了。

的確，有一些研究指出，人的信念會導致大腦接收到多元訊息或不同解讀。我參加過的課程中，有幾個幫助我擴大大腦接收到不同訊息的範圍，當中滲入了不少管理學和心理學元素。

曾經參與一些課程，我們探討人類思考的重心在身體哪個部位？五官的感覺非常重要，眼睛能看世界，耳朵讓你聽到八方，口、鼻和皮膚能讓你探索甜酸苦辣、溫度、味道，對周邊的機會與危機提供線索。擁有健全的五官，也不等於你懂得傾聽別人的心，你若要聽到別人所想，就需要懂得如何處理透過五官搜集回來的大數據。「處理」這兩個字，並非如電腦中央處理器這麼簡單，電腦沒有感情，沒有過濾資訊的潛意識，人類就不一樣，從資訊搜集、處理到應用，充滿了有形和無形的干預。

舉個例子，英語 hear 與 listen 的分別，hear 是物理上的聽見，listen 是心理上的聆聽，也是 brain 與 heart 的分別，brain 是數據已經傳達到腦袋，heart 是心靈上感受和分析數據。做到 listen 和 heart 的境界並不容易，否則市面上也不會出現大量書籍、研究和網上資訊，學校和企業也提供這麼多相關的輔導和課程，對這些話題作出討論和分析，和幫助大家如何用心聆聽和用心思考。

參加了這麼多課程，我有什麼期盼？我是一個專業經理人，最基本的就是怎麼做好一個人事經理（people manager），建立一個工作氛圍，讓同仁在一個健康的環境下表達意見、執行工作和個人發展，並幫助公司建立品牌和形象，服務好客戶。健康的業務開拓和發展是企業持續發展的關鍵，可是面對工作表現的壓力和期待，非成功不可是否為一種執念？也是否是唯一的目標？

其實，我不怕失敗，也嘗試學習慶祝失敗，敢於面對失敗。有勇氣去嘗試，才有創新和成功的動力，在合乎規定和合理的情況下失敗的員工，不應該被處罰，這是我的原則，我追求一個不怕失敗，但是要贏的團隊。

TIPS 人生學程

- 專業經理人，最基本的就是建立一個工作氛圍，讓同仁在健康的環境下表達意見、執行工作和個人發展，並幫助公司建立品牌和形象，服務好客戶。
- 有勇氣去嘗試，才有創新和成功的動力，在合乎規定和合理的情況下失敗的員工，不應該被處罰。

重新認識家族歷史

軟實力培訓課程內容多姿多采和層出不窮，曾經參加一個以發掘軟實力爲目標的課程，有些學員很愛它，有些學員卻討厭它，非常兩極化。這課程對我有特別意義，引發了我思索初中時的往事，對劉若英的《繼續——給十五歲的自己》有著共鳴。

這課程的關鍵不在於投入時間或課程深淺，入門之處是精神上的全程投入、在極短時間內與導師和同學建立信任、克服害羞、鼓起勇氣、毫無保留地與夥伴分享內心深處的記憶、成長經歷、關鍵遭遇等。過程中，從淺入深，先把記憶、經歷和想法作詳細分析，再找出與性格和行爲的關聯性，發現內心深處的自己，也從過去走到將來，發掘未來的關注點和目標，想做一個什麼模樣的自己。

有一個「within the walls」遊戲規則，同學們和導師不能對外透露在課堂內交流的內容和每一個人的事，出來課堂後也不能夠繼續討論相關話題。這是建立信任的關鍵一步，有了這些隱私保障，同學們才得以盡情投入，把內心世界一步步表達出來，同學們和導師才能夠真正互相了解和幫助。完成這些指標並不容易，每個人的投入程度和感情表達各有不同，目測大約一半學員能夠做到，極短時間內建立信任，盡情流露，透過各種情感表達方式把內心的想法和經歷表達出來。

導師非常專業，懂得如何處理情感場面，從鼓勵學員把話從內心深處說出來，適度調控情緒氛圍，還運用各種技巧去幫助大家深度分析資訊。更厲害的是，她懂得如何引領同學們一起創造精神力量，達到互相扶持的目標。我第一次參與這種課程時，達不到導師的預期，並不太成功。導師嘗試幫助我，可惜我在精神層面不夠投入，掌握不了團隊節奏，浪費了幾天時間和導師的努力。

導師觀察到我的狀況，沒有強迫我，一切需要來得自願和自然。雖然我參與的程度不夠深入，但是導師已經看到我有一個明顯的性格和做事風格，只是沒辦法認識到內心深處的我，因此，看不到我性格和行爲的建立過程和背景。就是因爲缺乏了這關鍵連接，她對我的性格和行爲的分析，以及我內心的想法，掌握的準確度或有所偏差，對接下來的個人關注重點的設定帶來挑戰，更不用說去想做一個什麼模樣的自己，我的獲益也打了折扣。

找回人生的拼圖

我對於這第一次的經歷感覺獲益不多，好像與導師和非常投入的學員有點隔閡，我真的需要時間消化這類型的課程。一段時間後，再次有機會參加這課程，不一樣的是導師和學員。導師換了，他同樣看到我有一個明顯的性格和做事風格，也看不到我性格和行為的建立過程和背景，缺乏了一個關鍵連接。他告訴我這失蹤的關鍵連接，說不定背後隱藏著一些重大意義，值得探討。他鼓勵我一步步細想，我的個性是什麼時候和什麼原因發展出來的，什麼的經歷塑造了今天的我？

我停頓了一下，腦海中出現了原居民生活片段，就這樣，我與他和其他學員分享下去。他們認識到，我離開原居民生活圈後，在新市鎮中學獲得敏捷度的啓發，以讀書找出路，讓自己懂得如何掌握未來；然後，新創經驗讓我不怕失敗，一步步摸索出自己的歷程。導師一語道破了我需要發掘內心深處的我，讓我放開了，與大家分享這些往事，完整了這塊拼圖。

接下來，他問我爲什麼之前不説出來與大家分享？我也好奇地自問，突然間，想起《竊聽風雲系列》第三部電影裡兩極化的描述。我就是不想提及複雜的原居民家族生活背景，不想被貼標籤，就是我一直不會主動跟人提起原居民背景的主要原因，也直接地與導師和學員分享這些顧慮。到這裡，導師的真功夫也出來了，他認爲就是這關鍵連接隱藏著的重大意義，讓我有選擇性忽略（selectively ignore）部分實情的傾向，構成我性格和行爲的一部分。

他一語道破，我也明白了要探討忽略不想看的實情對我的潛在影響。在日常決策過程中，忽略部分的資訊，會降低達到最理想結果的可能性；在人際關係上，我只想他們看到眼前的我，內心帶有保留某些資訊的傾向，會導致鴻溝。導師鼓勵我重新了解家族背景和歷史，離開多年後，見識廣博了，嘗試是否有不一樣的理解和感受。我接受了這建議，開始在網上搜查關於原居民家族的資訊。

直面逃避經年的家族史

我發現，位於兒時原居民族人聚居地的宗祠大門兩旁有一對門聯：「南陽承世澤、東漢啟勳名」。商朝（西元前一三五〇年）商王武丁之子「曼姓」於南陽被受封於「鄧國」，隨後依隨國姓，由此鄧氏源出於南陽郡，即「南陽承世澤」。軍事家鄧禹（西元二～五十八）扶助劉秀稱帝即位，開啓了東漢時期，即「東漢啟勳名」。這家族的傳說讓我對南陽的歷史產生了一點好奇，也特意跑了河南省南陽一趟，努力和正面地親身尋找家族的歷史背景。

對絕大部分人來說，包括我自己，南陽是一個陌生的地方名字。走了一趟後，我才知道這是歷史上一個重要地方。相傳古南陽孕育出姜太公釣魚願者上鉤的姜子牙、經商致富獲後代供奉為財神的范蠡、《傷寒雜病論》作者張仲景、渾天儀發明者張衡等著名歷史人物。萬世流芳的諸葛亮，是三國蜀漢丞相、政治家、軍事家、發明家及散文家，也與南陽扯上關係。當時諸葛亮農耕於南陽，諸葛亮為劉備分析了天下形勢，成就鼎足三分霸業，這就是著名的「三顧茅廬」。

諸葛亮是老祖宗的鄰居？我對這些歷史的背景也逐步產生興趣，在出差的路上，晚上在飯店也喜歡上看相關的電影或電視劇。隨後，發掘南陽的歷史地位超然，南陽這地方的名字用了兩千七百多年，到目前也沒有改變。這地方在戰國、秦漢、三國歷史時期一直扮演了舉足輕重的角色，是著名的冶鐵中心，兵家必爭之地，以南陽為封號者眾多，發生在這地方的重要戰役見證了政權的轉移。

我從逃避原居民家族的背景，變成好奇及驕傲。有一次，公司有一個與遺產（heritage）相關的題目，我特意邀請了幾位同事，包括一些老外，去看原居民家族聚居地的文物徑，見證了家族在香港八百年歷史。文物徑長約一公里，展出屏山鄧族的珍貴文物，包括多所由家族祖先興建的傳統中式建築，如七百年歷史的宗祠、廟宇、書室、社壇及古塔等。

從此，我不再迴避了。

劉若英的《繼續——給十五歲的自己》寫道：「人要有夢想，勇敢的夢想，瘋狂的夢想，繼續走下去，繼續往前進，路旁有花，心中有歌，天上有星，我們要去的那裡，一定有最美麗的風景。」

這幾句歌詞在我心理產生了共鳴。

我要做總經理

有些人在夢想追求、生活模式、事業發展、財富目標等，有著明確的目標，努力奮鬥走出自己獨特的路。但是，努力奮鬥不一定能讓自己完成目標，跑到自己所設定的終點。有些人無欲無求，從沒認真地為自己打算或計畫、信奉隨意，既來之則安之。能夠做到無欲無求或一切隨緣，也算是一種心靈上的瀟灑。擁有豐厚金錢財富的人，也不一定能達到心靈上的幸福和快樂，有些財富上並不豐裕的人卻能做到這境界。

我發現，這些想法一定程度上受到地域文化、歷史背景、經濟發展和生活成本等因素影響。這些因素直接帶給個人壓力和訴求，影響個人在諸多方面的態度和追求。過去多年，在眾多地方生活和工作，接觸無數人，這就是我宏觀看到的人物景象。

舉個例子，我在上海當企業分公司管理層時，經常私底下被問到什麼時候當總經理，我反問爲什麼這樣問我這個 close-end 問題，他們認為做到管理層後，必然是追求總經理的位置，不斷往上爬，理所當然。

在一個急速發展的社會，個人發展的盼望帶給這社會巨大的發展動力。經濟和社會的快速發展也創造了一個擁有大量機會的環境，鼓勵社會上每一個人追求自己的發展。

的確，我有夢想，我想繼續走下去。在上海的最初幾年，我的確想過當總經理，可以做為一個選項，但是並非要主動爭取或必定這類。這時，我還在摸索什麼合適我的發展，是總經理、其他管理層位置、其他企業，或者是其他行業。我甚至想過，是否要回到劍橋畢業後加入的這家企業發展。簡單來說，我沒有想清楚我對事業發展的追求是位置上的提升，是興趣的滿足，還是兩者具備。

朝夢想的目標前進

曾經有兩家跨國中等規模醫療企業找我當大陸分公司總經理，好奇與決策者見面，成功的交流，他們提出的條件也相當吸引人。第一家，我懷疑他們對大陸市場的決心，我拒絕了。第二家，從全球總部延伸到大陸市場的管理架構混亂，總經理的責任和權力不明朗，我也拒絕了。

眼前這麼多機會，加速了我對個人發展的想法。這時，我需要高人指點（coaching），所以直接問了直屬老板，即總經理，有關我未來的方向。須知，這是一個巧妙的互動，說不定會得罪老板或產生誤會。

他回應我：「你急著要走嗎？可以多留一陣子嗎？」

我說：「不是不是，只想了解您如何把這位置做得這麼好。」

他坦承說，總經理這個位置不好坐，表面看似風光，眾人爭相奉承，但是這個位置經常夾在總部高層和下屬團隊之間，往往兩面不是人。坐這位置時做了很多事是為了員工，不是為了自己，員工不一定知道和理解，這時會感到寂寞和無奈。但是，當總經理看到為社會和為病人帶來許許多多的價值，也提高員工家庭的收入和生活品質，帶來無比的滿足感，坐這位置值得，這種滿足感帶來源源不絕的動力。

在我新創失敗時，劉老板給了我許多關懷和建議，也邀請我到他的上海辦事處與他的同事交流，我一直與他保持聯繫，這時，我詢問他對發展的建議。他非常直接了當，認為當總經理是必然的下一步。他認為，在外企打工，已經做到大市場 one-down 位置的管理層，下一步當總經理是有滿大機會的，也是必須的經驗，才能夠完善歷練，然後再考慮其他企業內職務，如總部的位置。他也提醒我，在這位置上不要待太久，職位調動是必然發生，要主動爭取，否則就是被動離開。

他們各有道理，只是背景不一樣，老板是我的直屬上司，劉老板是沒有工作關係的朋友。直屬老板給我的輔導，免不了帶了點工作和責任的考慮，掌握了不少公司對我個人發展的資訊，也有點期望管理（expectation management）的考慮。劉老板和我沒有業務上的往來，說話可以沒有顧慮或保留，單純從個人經驗和客觀角度出發。與他們對話後，我比較清楚一點了，繼續在這企業發展需要認真考慮，下一步如何走出自己的一片天。

巧合的是，在這段時間人力資源同事也找我閒聊，他們提到我已經在這外派位置上近五年了，問我有什麼打算。我需要面對現實，按照非正式遊戲規則，我不可能永久待在這位置上，心念一轉，我要不是該主動與公司人力資源部探討我的下一步，否則可能在某天要被動接受安排。

時間不等我了，我必須主動應對，主動規畫。我也看了一下，企業最近的內部人力資源推廣「you own your future」，意思是你擁有自己的未來，我懂得如何做了。接下來，我主動與一、兩個關鍵和高級別的人力資源部同事探討，他們毫無疑問的建議我思考一下，從現在的職位到總經理的位置，需要準備什麼。

接下來，我就去多了解當一個總經理是怎麼一回事，了解多了，意識到總經理不只是一份工作，也是對客戶、股東、公司、員工和社會的一個承擔。如何平衡各方的想法、要求和利益並不簡單。一個不小心，隨時弄得各方不討好，變成一個孤獨的總經理。與此同時，總經理需要營造一個工作氛圍，讓同仁們安心和快樂工作，如何培養同仁成長，也要達到生活和工作彼此平衡。說起來，這些是不容易達到的目標。

雖然責任重大，但是這不妨礙我要當總經理的追求和決心。我記得有一次，我們與日本分公司管理層在東京交流，忙碌了一天後在餐廳喝酒吃飯。當時喝多了，日本分公司總經理問我，如何規畫職業發展，下一步打算做什麼？也許是喝酒後給了我一點勇氣，我毫無猶豫地說：「下一步要當總經理。」

這句話說出來時我的直屬老板坐在我旁邊，有點尷尬，還好，他也贊同我的觀點。日本總經理非常讚嘆我的直白，說亞洲人一般是不會把這些心底話在這種場合說出來，他也即時鼓勵坐在他身邊的日本同事學習我的態度和真誠。

這段時間，我一直留意機會，不久後，我當上了台灣分公司的總經理，目標達成了。過去多年一直給我發展指導（development coaching）的劉老板，特意跑到我台北辦事處恭賀我，我們一起拍了照片後，他放在FB上，描述了我們過去多年的溝通，現在目標已經達成了，這得到眾人的一致讚美。

他也提醒了我，當總經理時權力在手，往往看不清楚周邊的人和事，退位時權力快速退下，才看得清楚，這就是權力週期。但是，不要在意這些，聚焦自己未來的規畫就好了。

我熱愛總經理這份工作，對於公司帶給社會的貢獻，更是帶給我無與倫比的喜悅與心靈滿足。社會責任是我的座右銘，公司爲病患服務是我的目標，爲員工謀福祉是我的責任。我希望能長期保持著往上爬的心態，這不是要不斷升級，而是不斷有機會看到更廣、更寬的世界。

TIPS 人生學程

- 努力奮鬥不一定能讓自己完成目標，跑到自己所設定的終點。
- 在一個急速發展的社會，個人發展的盼望帶給這社會巨大的發展動力。

大膽挑戰傳統生技業

我來過台灣旅遊好幾次，對這地方不算非常陌生，但是絕對沒有到了解的程度。因此，我很容易遇上讓我好奇的事情，也快速地發掘了不少有趣的事。

我到職後，聽到的第一個笑話：「有一間診所，其服務的病人大多為該區的里民，有一位病人每一天來看病，突然有一天他沒來看病，診所內的員工都議論紛紛，後來他們了解了實情，這位病人今天生病了，所以不方便過來診所看病。」好特別的故事，我對這個笑話特別有感，引發了我對台灣醫療系統和民眾期盼的好奇心。

我有兩個身分與這題目相關。第一，我是一個正常人，會生病，我偶爾是病人。第二，我是一家從事醫療行業外企的台灣分公司的總經理，需要關注當地的醫療體系和其運作。

在亞洲大城市的診所，一般醫師非常忙碌，病人數目非常多，壓力大，看病就是看病，很難有多餘時間多說幾句，更別說每一天接待同一個病人。在台灣的生活很有人情味啊？

深入了解醫療體系

住下來一段時間後，我不認爲台灣的醫療系統達到九十分，還有很多的進步空間。但是，如果我對這系統有很大的埋怨，我會覺得我身在福中不知福。台灣的公立健康保險制度「健保」歷史不是很悠久，但是其便利性、覆蓋範圍、成本效益和整體優越感，算是很好了。世界上沒有一個完美的系統，各有優點或待改善的地方。我的評論是基於在世界各地的生活體驗，包括西方的英國、德國、瑞士和美國，東方的香港和上海。

在一個社會中，對大部分人來說，醫療系統的水準、成本和品質，是生活最重要的其中一環。我把這笑話消化後，如果說健保系統帶給民眾無後顧之憂，就有點誇張。但是與這目標的距離並不是遙不可及。我這樣說是對一般民眾福利的角度去看，並不是對醫療機構經營者或醫護的角度。無論是世界上哪一個健保體系，民眾的烏托邦往往與醫療機構經營者或醫護所面對的挑戰，存在一定程度的矛盾。

快樂指數

生活在台灣快樂嗎？這是我住下來後另一個探究的題目。

快樂這定義非常廣泛，每一個人的標準和對快樂的追求也不一樣，在人類世界很難，也不可能存在一個統一的準則。然而，為衡量快樂的可持續發展，聯合國出版了一個世界快樂報告（World Happiness Report）的國際調查。該報告由經濟學、心理學和調查研究等相關領域的學者所編，當中包括「快樂經濟學」（Happiness：Lessons from a New Science）創辦者理查．萊亞德（Richard Layard），他們在報告中應用了各種數據測定幸福。

這報告的客觀性和科學性等方面雖然引發了不少爭議，但是報告中各地的快樂指數也值得讓人深思。快樂與經濟的關係可以透過「快樂經濟學」來研究，當中有七個影響快樂的因素，包括健康、家庭、社群、工作、財務狀況、個人價值觀和自由。他在「快樂」這個主題上融合了心理學、神經科學、經濟學、社會學及哲學等眾多領域，旨在幫助人們了解影響快樂的因素，帶領人們走出一個更好及更快樂的人生。

根據全球快樂指數，台灣是亞洲最快樂的地方之一，屬於東亞排名第一的地區。我一直在細心觀察這七個因素在台灣的實質情況，怎麼才是快樂，如何達到快樂並嘗試從健康管理體系、財富和社會追求探討這話題。根據「快樂經濟學」，健康是快樂的重要因素，其實就算沒有這學說，這道理大家都知道。按照目前人類的科技水準，每一個人都是病人，只是時間、頻繁率和程度的差異。健康對家庭、社群、工作和財務的重要性不用多說，不理想的健康對這幾方面的影響也眾所周知。

根據官方網站資料，「健保」是一種從一九九五年開始實施的強制性，單一保險人醫療保險的福利政策，其特色包括：行政成本低，公平及一致性的保險費，保率達人口的百分之九十九點七，特約全台百分之九十三的醫療機構，無需長期等候住院和手術，覆蓋門診、住院、藥品、醫療器材、生育、牙科、中醫等，全台統一醫療項目費用，無需病人共同付款（co-payment）。病患可以自由選擇醫療機構，與此同時，超過一半的醫院為私立經營。可想而知，醫療機構之間的競爭相當激烈，其收入和盈利直接跟病患的體驗和信任相關。

「健保」獲得民眾普遍非常高的認可，對低收入和弱勢族群來說是巨大的健康和經濟保障。「健保」的模式有利有弊，其高效率和覆蓋度的特性吸引了不少經濟體系特意來台取經。當然，社會上也有不少共識或討論，認爲某些領域需要獲得改善，如醫護人員的工作量和待遇。世界上沒有一個完美的健康保障制度，病患和家屬的體驗還是最重要，幸福感與健康管理體系有密切相關。

剛才提到的笑話雖然有點誇張，但是描述了在「健保」制度下，里民和醫護建立的深厚感情，時常聊聊天也是一種心理上的關懷，對健康也起了關鍵作用。健康保障作爲快樂的關鍵因素，生活在台灣，我有機會享受優越的「健保」福利，我覺得好幸福啊！

攸關生活的生技產業

生物科技與醫療息息相關，我曾經認爲美國是全球各經濟體系中生技公司密度最高的地方。我們或許沒有這些統計數據，如果靠目測判斷，我很驚訝，最高密度的可能是台灣。在這裡，從科技園區、大學的育成中心到路邊的民宅，到處都是生技公司。在一般民眾生活的區域，路邊的店鋪隨時都打著生技公司的旗號，明顯地被濫用了。數目最多，但是根據經濟部工業局的二〇二〇年生技產業白皮書，在二〇一九年上市櫃只有一百二十四家生技公司，民間生技投資金額為新台幣五百五十一億元。

在台灣，發展生技是眾多人的夢想，可是真正達到規模的企業不多，全台總投資金額也不到一家領先跨國醫療企業的科研經費投入。看來，台灣的健保體系發展與生技產業的規模和品質不成正比，問題在哪裡？我認爲，人口就是最大的瓶頸，也是市場的限制點。

生技是高度監管的行業，全球每一個主要的經濟體系有自己的監管機構，無論在台灣的生技發明有多好，產品的接受度有多強，還是需要跑到比較大的經濟體系申請市場准入，這就是最大的挑戰和不確定因素。作爲一個發明家或投資者，在比較大的經濟體系設立研發基地是否更直接了當，更具投資回報效益？

台灣電子和晶片等行業對世界的貢獻和影響力讓我嘆爲觀止。在這些沒有區域限制的領域，一大堆全球領先的企業都在台灣發跡，對全球高科技的核心組件、零配件供應鏈以及代工，扮演了不可或缺的角色。在這麼優秀的電子產業基礎上，我看到不少企業家和初創者，他們正在大膽地跳出自己的舒適圈（comfort zone）領域，跨領域挑戰傳統生技業的傳統概念，結合生技與電子，打造數位醫療解決方案。我也帶領著團隊，湊湊熱鬧，投入不少人力物力把數位醫療建立成爲我們其中一個經營重點。

我看好這個顛覆性的領域，因爲這可以結合台灣的獨特優勢，為台灣生技行業發展一條走到國際的捷徑，避開在台灣發展傳統生技領域的先天缺陷。在台灣，超過一半醫療機構為非公家單位，這帶來了靈活性和競爭，數位醫療可以幫助推動經營效益和更好病人體驗，這正符合各大醫療機構的野心，給它們更強競爭力。

再者，電子行業的蓬勃發展和歷史，建立了全球領先的人才庫。這些就是發展數位醫療的成功因素，而勝出點就是不受限制的想像力。我的團隊正在把握這個機遇，我們並不孤單，大量擁有敏銳商業眼光的本地企業家、初創者和醫療機構，也在同一條路上奮鬥，時而走在一起打拚，時而在良性競爭。

TIPS 人生學程

- 醫療系統的水準、成本和品質，是生活最重要的其中一環。
- 無論是世界上哪一個健保體系，民眾的烏托邦往往與醫療機構經營者或醫護所面對的挑戰，存在一定程度的矛盾。
- 健康對家庭、社群、工作和財務的重要性不用多說，不理想的健康對這幾方面的影響也眾所周知。

建立敏捷團隊

光有目標和資源並不足夠，我需要人才和他們的激情。

先從招聘説起。作爲一個正常的人，我在招聘員工過程中容易掉進一個習慣，即是對一些與自己風格和觀點類似的求職者產生認同感，甚至給與錄取。可是，我要不斷提醒自己，這不是一個好主意，我需要的是多元，能提供不一樣觀點的員工所帶給公司的價值。公司已經有我，需要多一個我嗎？還是把機會給予跟我不一樣的人？

接下來，如何激勵（motivate）周邊的同仁？我無論身在何地，德國、瑞士、美國、劍橋、香港、上海或台北，總是要面對一個最關鍵題目。研究生時身邊的同學和技術員的激情和配合，對我的實驗進度和結果會有積極作用，直接影響我畢業的速度，我深深體會到這種同儕壓力（peer pressure）。員工受到激勵，必然對工作環境，個人主動性、責任感，以客戶為中心的態度（customer centricity）帶來正面影響，對客戶體驗、品牌、企業競爭力和效益有直接幫助。

我特別關注地域差異與激勵員工的關係。在歐美的國際化城市，整體原則性比較強和成熟，坦誠溝通可以是一個激勵員工的有效方法。舉個例子，處理員工個人薪資待遇的基準（benchmarking）和接班人計畫（succession planning）等資訊時，透明度可以非常高，發生爭議性的風險也比較容易控制，也能夠管理好雙方的期待，讓員工用心工作。

在發展中經濟體系的城市，情況卻不一樣，薪資待遇的基準和接班人計畫等資訊，透明度反而會導致許許多多的人事問題，影響團隊穩定和員工士氣。這些地方快速上升的生活成本、人口遷入帶來的競爭、不斷湧現的機會、對優質生活的追求等因素構成的壓力，往往成爲推動努力工作的助力，可觀的加薪幅度和較多的職業晉升機會往往是一個有效激勵員工的方法。

台式幸福

我到了台灣工作，嘗試了解當地文化，尋找激勵同仁最有效的地方，也與不少人討論時提到各地風格。經常有人跟我抱怨，相對其他發達經濟體系，台灣一般民眾的薪資收入不算高，台灣人的幸福感正受到低薪、青年就業困難、社會財富分配等主觀感受侵蝕。與此同時，我留意到提高薪資待遇並不一定是最有效能激勵員工的方法。這兩者的關係不是很明顯嗎？起初，我真的有點困惑，不理解問題所在。生活了一段時間後，逐步融入到本地生活模式，讓我明白了其中奧妙。財富與幸福感的確有一定的關係，但是金錢是否能讓人獲得絕對的快樂和幸福？

首先，幸福和快樂沒有統一的標準和衡量方式，也因人的追求、觀念和遭遇而異。我發現「台式幸福和快樂」的存在，起初不明白，住下來慢慢體驗到。台灣最美的風景是「人」，這裡充滿了友善、禮讓、關懷、互助和信任，這應該是幸福感來源之一。台灣也是一個相對安全的社會，根據Numbeo二〇一七年全球城市安全指數，台北名列全球最安全城市的第三名。如果以人均GDP計算，台灣居民收入以二萬二千美元居全球第三十四。若以購買力平價（purchasing power parity）估算後，人均 GDP 為四萬八千美元，上升到第十九名，這反映了台灣的物價相對便宜，這種種構成了「台式幸福和快樂」。

提升企業競爭力

在這資訊爆炸的年代和急速變化的經營大環境下，面對著許許多多具備顛覆性能力的市場參與者，如何提高公司的競爭力和市場認可？從產業特性開始談，醫療系統是我們最大的客戶群，最終服務對象是病人。在這個年代，我們的客戶群和最終服務對象期待什麼？醫療系統面對越來越多的壓力，從成本效益到病人權益，我們是否可以透過創新的解決方案，幫助醫療系統提高經營效益？病人方面，這是比較容易理解，因爲我們也是病人。創新的診療工具，與醫療系統攜手不斷優化病人體驗，只要做到這兩點就已經不錯了。

有了目標，然後呢？首先，我們需要接受一個現實，我們想得出來，別人也會想得出來。這些理想和願景是沒有專利的，想出來不等於成功，最先想出來的企業不一定比後來者更有優勢。成功關鍵是什麼？每一家企業有它長久生存下來的原因和遺產，這些正是過去成功的關鍵，也可是成爲未來成功的負累。那麼，該如何是好？

轉型（Transformation）就是出路，過去是這樣，目前也是這樣。我相信，成功的大型跨國企業，都是在各自的歷史發展中經歷不少大大小小的轉型，我們也沒有例外。每一輪轉型的推力、目標和方法或者有所不同，但是都離不開爲了適應演變中的經營環境、生存、發展和壯大。

我在台灣推動的就是要提高敏捷度和效益，敏捷度讓我們更快速地回應市場改變，思想沒有限制，打破常規思考模式，從經驗獲取智慧面對新事物。效益能夠為我們更快捷地回應客戶的需要，提供更高效益的解決方案，把客戶體驗做得更好，讓員工得到生活平衡，帶給股東更高的回報。

我嘗試從人、體系到策略，一步步攻堅。我有一個管理原則，就是要尊重文化差異，我在許多區域和城市工作過，我從不比較不同城市的差異，更不說哪一個地方的員工或當地文化比較好。在我眼裡，沒有哪一個比較好，只有差異和多元。

用人的哲學

有一天，一位同仁跟我說：「總經理，我知道你不滿意，但是在本地文化下的員工就是這樣。」我簡單地回了一句：「其他行業都這樣嗎？」他說：「是。」我直接說了：「好吧！我們就做一點改變，要比競爭對手做得快一點和好一點，這樣我們在市場上就必勝無疑。」我的態度非常明確，尊重文化多元的背景下做一點差異。

在個人層面，其中一個最重要的是舒適圈（comfort zone），是指一個人習慣性地所處的一種環境狀態或一些習慣性的行爲，人會在這種習慣中感到舒適，缺乏危機感。而且，這些習慣可以是繁瑣、費時、缺乏效率等，甚至是一些討厭的工作。要改變一個組織的經營，必須要鼓勵參與者跳出舒適圈，這是關鍵第一步，也許也是其中最困難的一步。

無論是要參與者離開舒適圈或做出變革，這都是一個異常困難的事。我鼓勵員工一步步來，從３Ａ入手，即 aware（意識到）、accept（接受）、action（行動）。我觀察到一個有趣的比例，大約有四分之一的參與者，他們會自己掌握好３Ａ的節奏，我不需擔心或太多的關注。大約一半的人，他們做到一個或兩個Ａ，即 aware 或 aware 加 accept。剩下的四分之一，他們連第一個Ａ，即 aware 也沒辦法接受。我會把時間放在第二類人身上，只要成功幫助他們，就意味著有百分之七十五的人已經在公司一起改革。這是一個困難的決定，只好讓剩下百分之二十五的人逐步流失。

說到人員流失，有一天，一位部門主管緊張對著我說：「總經理，不好啦！獵頭公司（headhunter）不斷找我的人。」我淡然說了一句：「恭喜你。」他非常茫然，想了半天也想不通，懷疑我在諷刺他。我跟他分析，這正是說明我有好員工，如果獵頭公司不找我的員工，說明我的人不值得別人考慮。

另一天，一位部門主管興高采烈跟我說：「總經理，有一個離開才幾個月的員工，覺得還是我們公司好，想回來工作。」我也有一個原則，離開了公司的人，如果想回來，這就是考驗招聘經理的心態了。如果只是心理上的安慰，就接受他回來，我懷疑這個員工是否離開原有的舒適圈後就沒辦法適應新環境，才想回到原來的公司？如果是這樣，這對提升團隊的能力沒有幫助，更是變革的一個負擔。

我簡單回應：「他才離開幾個月，先讓他在外面多鍛鍊，過一段時間後再考慮吧！」我不是不歡迎已離職的員工回來，但是傾向讓他們證明在新環境取得成績後才回來，並帶給公司新思維和經驗。

工作環境、待遇、發展機會等是挽留人才的關鍵條件，工作環境尤其讓我頭疼。有人的地方就有矛盾，這是人類社會的本性，我不會介意。部門之間或人與人之間對資源的競爭和溝通的 silo（地窖），這種事情正常不過，我會嘗試努力推動改善，希望提供員工一個高度合作的工作環境和體系。但是不會追求完美，這與我對收益遞減規律（diminishing return）的信賴有關。

追求效益

我追求效益和相信收益遞減規律這理論，也嘗試把這理念融合到公司的體系內。說得具體一點，假如我用十個小時在一件事上，這時間可以讓我達到百分之五十的滿意度，再花十小時，滿意度可以達到百分之八十，再用同樣時間可以達到百分之九十五，再用同樣時間就達到百分之九十八，再用同樣時間達到百分之九十九，再接下去就是百分之九十九點九。

我不會無止境的一直做下去，要看這事的重要性，一般事情大約會停在百分之八十，達到最小可行產品（minimum viable product）就可以了。我會用省下來的時間放在另一件事情上，追求另外一個百分之八十，這樣做會讓我獲得最大的投資回報。

我深信信奉 minimum viable product 的好處。曾經參加一個交流會，一家跨國企業分享他們過去十多年如何顛覆了不少行業的經驗，他們快速創新和改變了不少行業面貌，目前是多個領域的全球領導者，如網購、雲端等。他們的經營理念就像飛輪一樣，最艱辛的就是起步這一刻。他們透過顛覆性的 minimum viable product 起步，勇敢地克服了這階段，動力隨之而來，然後適當地添加創意、調控和動力，這飛輪將持續增加動能，能量源源不絕的釋放出來，就這樣，他們建立了一個生態系統（ecosystem），迎接更多的新機會。

我有信心執行在台灣推動變革和發展顛覆性業務嗎？有！

二〇二〇年彭博經濟學家指出，根據全球一百三十五個經濟體中，台灣在全球創新潛力排名第五，前四名依序為日本、美國、德國、瑞士。這報告的評分標準為創新、吸收現有技術的傾向、資訊科技基礎設等。瑞士洛桑管理學院（IMD）報告指出，在二〇一七年全球各經濟體系的競爭力比較，台灣排名第十四。台灣的獨特優勢加上創新潛力，已經打造了幾個世界最強的領域，如半導體設計和生產、高科技電子產業鏈，沒有理由不相信，其他的奇蹟也正在出現。說不定，我和團隊正在參與當中！

TIPS 人生學程

- 可觀的加薪幅度和較多的職業晉升機會往往是一個有效的激勵員工方法。
- 每一家企業有它長久生存下來的原因和遺產，這些正是過去成功的關鍵，也可是成爲未來成功的負累。
- 每一輪轉型的推力、目標和方法或者有所不同，但是都離不開爲了適應演變中的經營環境、生存、發展和壯大。
- 尊重文化差異，我在許多區域和城市工作過，在我眼裡，沒有哪一個比較好，只有差異和多元。

搬進台北：人生再次獲得啓蒙

我追求什麼樣的生活？

寫到這裡，我在香港的高齡母親突然住院了。她的身體一向不錯，沒有什麼特別的疾病。這次，身體不適來得快和嚴重，發病到離開人世也就是兩、三天的時間。她這最後一段路，從良好的精神狀態轉而迷糊，沒有經歷漫長的痛苦，安詳離開。

我從遠赴劍橋讀書到往後職業發展的生活模式，大部分時間都不在香港，與母親見面的時間很少。這兩年，疫情爆發，視訊成爲唯一的見面方法。我相信，她理解、接受和默默支持我的選擇和這麼多年的生活模式。然而，在她離開的這一刻，我不在她身邊，沒有盡到為人子的責任。

來台灣前的一段時間，我負責的商務地域廣大，擁有眾多的客戶，爲了照顧好客戶和進行必要的面對面交流，我頻繁乘坐飛機和高鐵，過程中釋放出不少二氧化碳。若非必要事情，我選擇非面對面的溝通方法，減少我的排碳量。這些年，我成為了飯店的常客，偶爾晚上醒來，往往忘記了當天是哪月哪日、身處哪個城市和哪家飯店，處於半睡半醒的迷失狀態。

定居台灣

二〇一八年，我當上台灣分公司總經理，搬到台北，生活模式出現了轉機。

在台北找房，我不需要豪華，但求生活便利。因此，符合我租金預算和基本要求的選擇非常多，一口氣看了十多個物件。我挑選的原則非常簡單，隨心所欲，第一、必須附帶家電和家具，免得我還得自己購買；第二、環境讓人舒服安心。針對第二個要求，我全憑直覺，從社區走進大樓大廳，從電梯走進住家，然後走進住家的每一個房間和角落，用雙腿感覺是否流暢，有沒有踢到門板或障礙物？路面是否平坦？從樓下走到住家的每一個角落，是否舒服？有沒有「並不孤單」

的感覺？我就憑這些條件快速地做了決定，搬進天母。

搬進來後才知道天母北鄰陽明山，西北也有大屯山，溫泉聖地，環境優美。休閒時，我習慣從磺溪中游往南雙溪河畔方向走走。磺溪發源於陽明山上七星山小油坑，流經竹子湖、過峰頂橋後匯入另一個發源於竹子湖西側的源流下湖溪。這兩、三公里的段落，源源不絕的流水，沖刷金黃色的石頭，偶爾帶點硫磺溫泉的味道。火山乃生命之源，孕育大自然，溪的兩旁無限生機，印證大屯山這座活火山的天然功能。這裡有山和水，春夏秋冬特別明顯，大自然的規律引領著各物種的生活節奏。

春天時，每天步出大樓，都被門前的四棵寒櫻吸引著，盛開時非常漂亮，也吸引了不少附近的居民來一睹風采和拍照留念。根據 **FB**「天母幫」陳女士的描述，這是由附近櫻花達人吳先生的照顧，努力十年的成果。他已經換了三種寒櫻，才讓我們看到今天這四棵擁有黑亮樹幹，春天粉紅的櫻花，夏季深綠的櫻葉。盛夏時，天母地表的高溫配合山腳的地勢偶爾引發中午過後的地區性大雨、白天在叢林聚集和晚上朝著家居的光線而移動的小昆蟲、日落之後晚上沿著山勢而下的强風，展現出萬物優美的規律。

天母也是一個狗狗生活圈，我看到不少聰明和有靈性的狗。有一隻黑色的狗，牠非常獨立，生活習慣也非常簡單，從牠瘦瘦的體形，頸上沒有狗圈的痕跡研判，要不就是野生，要不就是放養這類。牠甚至會過馬路，每天不分晝夜，風雨不改，用固定的方向、軌跡和速度，在這社區巡邏，充分體現出悠然自得和對這地區的歸屬感。司機和路人已經習以爲常地禮讓牠，也不加以干預。懂得過馬路的不只牠，我也發現了另外幾隻狗也按照紅綠燈過馬路。

這附近遛狗的人非常多，主人對狗的愛心和關懷到處可見，街上林立了不少寵物家居用品店、動物醫院和狗狗生活的專門店，數量比兒科診所和嬰兒用品店還更多。

這裡有不少餐廳已經在此經營了數十年，每一天的營業時間就是幾個小時，或者一天準備的材料賣完了就結束，這樣的經營模式雖然讓食客無所適從，但是卻不乏支持者。這種經營方法說不上無欲無求，但卻是對生活、工作和鄰居感情的一個平衡。重視鄰居感情的文化促進了不少家庭幾代人同住在一棟大廈內，構成了一個持久和穩定的本地居民結構，也讓不少家庭式經營的小店得以長久營業，進一步促進了居民重感情的鄰里關係。

天母也是一個多元的社會，台灣最具規模的國際學校的其中幾家，如美國學校、日本學校和歐洲學校，都坐落這一帶或者附近，為這非常本土的天母人聚居地帶來了一些流動。美國學校和日本學校的位置剛好是相互對望，下課時的景象卻截然不同。

美國學校門口總是大量的高檔車在等著，把這段路堵塞住，需要學校的保全和警察來疏導交通。日本學校卻是大量的腳踏車，家長等待著孩子下課，然後用腳踏車接回家。這種非常不一樣的交通方法，也體現了美國和日本文化的差異，無論採用什麼的生活模式，本地人還是外國人，都被一年一度的天母萬聖節活動所吸引，大量 treat or trick 的兒童和車輛把整個地區填滿。

我雖然曾經在歐洲、北美洲和亞洲七個城市生活，但是從來沒有思考過想追求什麼模式的生活環境。搬進台北的天母後，我發現了這裡特有的和諧，外國人融入到非常傳統的幾代人聚居的居民中，與大自然裡其他物種有著高度的相互尊重和理解，台北市中心也就是近在咫尺。

我愛上了天母的生活，找到了都市生活、工作機會、多元文化和環境生態的平衡。在這裡，我獲得了一個新的生活體悟，跟以往曾經生活過的地方比較起來，我獲得了不少感觸，產生一連串的靈感。有緣生活在天母讓我安靜下來，沉澱一下多年來的思緒，享受眼前的一切。

生活在天母，在工作上我構想出來不少新的經營概念，有力地協助推動行業的進步，創造更多的社會價值；在生活上，自己的心境出現了微妙的變化，進一步思考未來的抉擇或生活規畫。也碰上全球疫情大爆發，產生了極大的動力嘗試寫這本書，這過程刺激我反覆思考生活的目的……

居家工作，引爆好奇心

搬進台灣前的生活，經歷多年的奔波，累嗎？奇妙的是，我覺得很舒適，多年來一直生活在其中。二〇一八年開始，我當上台灣分公司的總經理，專注本地市場，告別頻繁的飛行，住在自己的家，睡在自己的床，走自己熟悉的路。奇妙的是，我也沒有覺得特別的舒適。

對了，我掉進舒適圈陷阱。舒適區不一定是一個舒適的環境，也不是處於便利和高效的狀態，這只是一個慣常的生活模式、節奏和習慣，熟悉的決策流程。舒適區內的我，習慣性地面對類似的人和事，每天重複做同樣的工作，甚爲滿意。久而久之，我掉進這陷阱，培養出一個行動惰性，妨礙追求新嘗試的精神空間。

我不是擁有高速計算能力和沒有主觀想法的機器人，我是人，按照人類行爲思考和做事，舒適圈是一個合情合理的現象，如常人一樣，我活在舒適圈不是問題，也不會發現問題。在這舒適圈裡，我找到安全感，日常事情按照既有的節奏執行。搬進台北後，我需要付出時間和努力，好不容易地捨棄舊的舒適圈，逐步建立一個新的舒適圈。

新冠病毒帶來的改變

二〇二〇年，一個在高解析度顯微鏡下看不見的病毒，突如其來地顛覆了地球上絕大部分人的生活。我沒有例外，工作和生活模式出現重大改變，間斷地徘徊於辦公室與在家工作之間。在家工作時，生活節奏變得紊亂，早上六點多就對著電腦，日間坐得太久就站起來走動做別的事，晚上習慣性也看看電腦，在外面見客戶和夥伴的時間少了，大多改爲線上聊天。

疫情雖然對我的生活構成了顛覆性影響，但是我需要準備與疫情持久對抗嗎？我真的需要改變嗎？起初，我抱著懷疑的態度，認爲疫情可能很快過去，我為什麼要把改變融合到我的日常生活習慣呢？可是，我卻不斷聽到這不是疫情這麼簡單，一個新常態正在混亂中逐漸成形，每一個人都必須要適應。這意味著，經過這一段不正常狀態後，一個新的模式會把大家重新恢復正常狀態，我們需要適應新的挑戰和機遇。

疫情期間從生活模式、人的互動、經濟體系到國際關係，一切都在變化中。這時，我感受到發自內心新常態的嚎叫，思維模式再次蛻變，一步步走出最近辛辛苦苦建立的新舒適圈。這是一個訊息爆炸的年代，從國際機構、無國界機構、企業、政府、學校到個人層面都說要做出改變，疫情只是加速了這過程。既然我們生活在這個年代，沒有其他選擇，必須改變來應對這些激烈的變化。

隨著疫情發展繼續居家工作，身心意外地獲得進一步沉澱。我好奇，這些不能避免的改變是這個訊息爆炸的年代所特有嗎？

相對地，一百年前的西班牙流感疫情大流行時，人類卻沒有這些待遇。爆炸量的網路與媒體資訊引發了我的好奇心，同時，盡可能用多方的角度進行批判，小心翼翼面對和吸收知識，虛假或不準確的訊息太多了。我也要避免沉迷於自己和身邊人的思想迷惑，看到與自己理念接近的訊息就認定為真訊息，否則就是假訊息。我觀測到，這種思想迷惑可以發生在每一個人身上，與年紀、學歷、工作、社會地位等沒有直接關係。

疫情期間，不一樣的生活模式帶給我一些新的人際交往機會，讓我接觸到更多群組。我好奇，在疫情下生活，我嘗試了解他們的經歷、責任和壓力，看看他們不一樣的世界觀，他們每一個人也在改變，只是主動或是被動的分別。

我想起人類歷史上最偉大的科學家之一艾薩克·牛頓爵士（Sir Isaac Newton，一六四三年～一七二七年），因爲英國鼠疫疫情爆發，他從劍橋大學回到六十英哩外的家，在這段居家工作期間，他繼續從事研究，並取得了不少突破性的發現。居家工作和社交距離的防疫手段並不是新事物，幾百年前已經被使用，我亦相信生活方式的突變可以讓人跳出舒適圈、沉澱和刺激新思維這觀點，偶有意想不到的效果。我就是這樣鼓勵自己，透過居家工作和社交距離，摸索出新的舒適圈和掌握好社會新常態。

錯誤的假設，理性是弱點？

印象中，我遇上過幾次流行病疫情，對我的生活和工作構成一定的影響。幸好，這幾次的規模、廣泛性和影響都是非常局限，雖然有點緊張，但是也不至於要刻意停止社交活動，只要格外注意個人衛生，盡量保護好自己，問題也不大。另外，醫療技術和公共衛生建設日新月異，社會整體衛生條件越來越先進，有效地降低了這幾個流行病疫情對社會的衝擊。

二〇〇九年這一次印象比較深刻，此次由新型人類H1N1豬型流感引發的全球性流行病疫情，人類對這全新的病毒沒有免疫力或疫苗，嚴重的患者出現流感，甚至是肺炎病徵。最早的已知個案發生在墨西哥，隨後導致全球各地爆發。在持續約一年時間內，我所到之處的群眾都表現輕鬆，如常生活，看不出什麼壓力。

比較緊張的是出入境，坐飛機降落目的地後，有些國家規定所有乘客必須透過飛機上的檢疫，確保在體溫正常和沒有症狀下入境。每一次在飛機上檢疫，我都帶有心存僥倖的心態。如果航班上的乘客出現流感症狀，其他乘客下飛機的時間免不了被延誤一、兩個小時。如果周邊的乘客出現流感症狀，我也必須被檢疫人員帶到指定的檢疫中心，然後在當地被觀察大約十天。因此，飛機到達目的地後，機艙內乘客在等待檢疫人員的情景好像是等待重要的審判般，還好我沒遇過被帶走檢疫。

二〇〇三年發生SARS（嚴重急性呼吸道症候群）時，我生活在香港。記憶中，SARS來得猛烈，對疫區的生活和經濟造成重大影響，帶來不少傷亡，經濟幾乎停頓下來。但是其地域性打擊面卻非常局限，主要是廣東、北京、香港、台灣等地，疫情也是來得快去得快。MERS（中東呼吸症候群冠狀病毒感染症）期間，我記得其特性有點像SARS，地域性影響非常有限，每當爆發時也被快速壓下來，對我的生活沒有什麼影響，所以個人體驗並不深刻。

二〇二〇年初，這次疫情爆發初期，雖然心裡有擔憂，但是同樣是由冠狀病毒引發，加上我對各地政府有信心，猜測其地域性影響應該跟SARS和MERS接近，認爲疫情很快便會結束。剛好二月有一個重要事情需要去一趟瑞士，內心在掙扎，與同行新加坡友人閒聊，是否按計畫出發瑞士？

當時疫情在大陸爆發，亞洲地區也有少量的輸入個案出現，用SARS和MERS的角度去看，我們想，這應該是亞洲的問題，歐洲的醫療系統非常先進，瑞士應該是一個非常安全的地方。我們害怕的卻是到達瑞士後，對當地人構成心理壓力。基於這個原因和一些出入境規定的不明確政策，我們有默契地取消這次行程。

一個月後，疫情出現了大變化，歐美大規模社區爆發；反而在亞洲部分國家和地區，對從歐洲國家入境人士採取了各種入境管制措施，把疫情控制下來。我憑著過去的經驗和傳統的智慧，沒有準確地預估這波疫情的發展。在二月，有多少人像我一般，猜測這一波疫情不會在這些衛生條件相對發達的歐美國家社會中一發不可收拾？相反，有多少人預測到，這病毒對這些非常成熟的醫療系統造成如此巨大的衝擊？

經驗是學習過程中重要的一環，幫助了對人和事的分析、判斷和決策。我累積越來越多的經驗，對相關事情的判斷理應越來越準確。但是，我準備出發去瑞士前，錯誤預測疫情的發展，問題何在？我想，經驗越是豐富，就理所當然是好事嗎？或許，這要看我如何主動地和潛意識地應用經驗。如果在決策過程中，我把過去的經驗轉變成爲一些假設，這不一定對決策有幫助，我應該知道這觀點的重要性。

我想，SARS和MERS的影響的確是非常地域性，爲何同樣是由冠狀病毒引發的二〇二〇年大流行病卻演變成全球性的災害？用經驗和傳統的智慧作出的假設或根據方向性推斷的確有莫大的漏洞，地球是一個很複雜的生態系統，沒有最强的物種，各物種不斷地演變中，一環扣一環，一切好像在循環中，也在互相牽制著。如果人類是聰明的物種，病毒應該也不會太笨，否則也不會無處不在。我低估了病毒的求生本能！

這種情況在商業社會也時常發生，在一個公平的競爭環境中，我需要面對著競爭對手，我如何贏對方？如果我按照過去的經驗作了一些假設，然後做出相應的決定，對手可以想到這一點，然後做出反制，這樣我就輕易地輸了。

疫情下的反思

我猜測錯誤，警惕自己固定思維（fixed mindset）和成長心態（growth mindset）的差異。具有固定思維方式會受其信念和思想所束縛，成長心態可以讓我在思想和信念中找到自由，讓我想像得更多，發掘更多的可能性。我理性地用傳統思維來分析疫情的全球發展，估計醫療體系相對成熟、衛生條件優越和人口密度低的歐美，其疫情應該是可控的，最嚴重的地方應該發生在亞洲。現實情況卻是：疫情爆發初期，大陸、台灣、香港等地社區內的疫情基本上快速受到控制，歐美反而一發不可收拾。

讀書時代考大學以及出國留學都選擇了跟生命科學相關的課題，我曾經想成爲科學家造福人類，也帶有一點虛榮心。畢業後，我與科學越走越遠，成爲一位專業管理人，我沒有遺憾，只是曾經有段時間帶點失落。我沒有忘記科學精神，還是非常理性和講究邏輯，套用科學和事實並做出假設，我一直認爲這是我的强項。可是，我猜錯了疫情的發展，是否理性讓我少了一點動力思考邏輯以外的可能？我的理性局限了我的思想空間，理性是我的弱點嗎？

出現呼吸道感染症狀，在不同的社會處理的方法差異非常大，我住在歐美國家時，周邊的成年友人患上輕度呼吸道感染症狀，生活和社交活動如常。嚴重些的症狀下，多是待在家裡休息和服用一些基本藥物，這種處理方法非常普遍。他們的主流理念是：對抗病毒性呼吸道感染的最有效方法就是靠自身建立對該病毒的抗體，流感疫苗也是基於這原理。

在亞洲個別國家和地區，民眾患了呼吸道感染症狀後，跑到醫院和診所看病的習慣比較明顯，醫師也比較樂意處方藥物和進行各類型檢查，病人也比較主動戴上口罩，干預的手段相對明顯。

記憶中，唯一一次要看病的情況發生在美國，有一天晚上，突然感覺心口不舒服，白天也有反反覆覆的狀況，於是去了附近一家醫院做了相關檢查，沒有任何發現異狀，研判應該是胃酸逆流，不用住院，讓我非常驚訝的是，帳單需要三千多美金。在美國為數不少的人是沒有醫保的，他們如何負擔沉重的醫療費用？

無可否認美國擁有最先進的醫療技術，它卻是一個沒有實行全民健保制度的發達國家，因此出現不少沒有醫保的民眾負擔不起醫療費。在疫情爆發初期，這問題突顯了全美國防疫策略的影響。

我不是呼吸道感染相關領域的專家，不好評論各國對二〇二〇年全球疫情大流行的防疫策略。可是，疫情的管理模式和民眾的配合，的確反映了東西方社會對生活健康概念的差異。在疫情爆發初期，的確在某些發達國家討論過透過建立廣大民眾的自身免疫應對疫情，即俗話說的「佛系方法」，專業說法是群眾免疫（herd immunity）。後來在巨大的民眾壓力下，群眾免疫這項考慮才不了了之，美國政府也同意為全民的相關費用買單，各國也逐步採用積極干預政策，只要在醫療基礎設施能承擔的範圍內，只要出現症狀就直接安排診療。

另一方面，疫情爆發期間，各地的防疫政策傾向一定程度上與當地的生活方式相關。隨後的防疫效果，民眾的積極配合非常關鍵，而明顯地民眾的配合程度跟當地長久以來對呼吸道感染管理的理念和習慣息息相關。

歐美國家不少民眾崇尚「無上自我」、「無限自由」和「my body my

choice」等理念，讓政府針對疫情的專業手法，如全民戴口罩和限制聚會等命令難以普遍執行，這樣如何有效防疫？也有一些國家的民眾抗議防疫限制過嚴，引發全國示威。相反，在大陸、台灣、香港、新加坡、韓國和日本等地方，無論是政府的執行力度還是市民的配合程度，整體來說都比歐美地區有明顯差異，這跟傳統東方民眾比較尊重和聽從政府的政策有關。

我想，理性並不是我的弱點，錯誤地猜測疫情的發展是因爲我用了片面的訊息和經驗做了一些假設和推測。其實疫情的發展包含了許許多多的關鍵因素，我只是思考的過程中漏掉了它們。疫情期間，反反覆覆的居家工作給予我大量的空間思考，讓我想像得更多。我的結論是：經驗是寶貴的，但是需要更多的好奇心，加強成長心態開拓更廣大的想像空間，發掘更多的可能性。理性不是我的弱點，假設卻局限了我的思考空間。

使命感連環爆發

我曾經在歐洲、北美洲和亞洲七個城市生活，每次到一個新地方，我必須摸索如何鼓勵身邊的夥伴。每個地方的文化差異極大，民眾追求多元，管理和激勵方法層出不窮。我經常提醒自己，千萬不要用錯方法，否則可能出現反效果，甚至讓夥伴覺得不受尊重。

我們從事醫療設備行業，服務的是醫療機構，最終客戶是病患。醫療設備是什麼？簡單的說，當一個健康的人或病患到醫院或者診所做檢查，醫護透過各種醫療設備，從影像、掃描、抽血、採集體液等方法，精準地了解身體狀況，並發出專業報告。

我們負責技術支援和設備維護的前線同仁需要值班，確保全年三百六十五天，每天二十四小時，協助醫療機構不間斷地為病患提供服務。在突發情況，如地震、颱風、重大資訊系統失效、物流鏈重大事情和傳染病大流行時，我們需要啓動營運持續管理模式（Business Continuity Management），確保不間斷地執行對醫療機構的服務，這是對社會、醫療機構和病患的企業社會責任。因此，我到台灣後，繼續小心翼翼觀測如何鼓勵和激勵同仁，嘗試摸索出最簡便和最被接受的方法，持續為同仁加油。

二〇二〇年一月二十日早上，距離春節還有五天，腦海中出現了過去幾天媒體關於武漢的報導，好奇心驅使下，打電話去上海給一個在醫療行業的朋友，嘗試了解一下武漢目前情況。她說沒什麼，只是員工在家裡工作，盡量不要去醫院，部分醫院實施人流管制。她說來輕鬆，我也沒什麼特別反應。

我腦海中出現了過去幾年春運的景象，包括春節回港澳台的規模和人流，她對湖北人流控制的描述跟春運的運作有著明顯衝突；這段時間有上萬的人從湖北回來台灣過年，有數十萬計的人從大陸回台。一時之間，這種情感主導了接下來的思考方向，內心有點忐忑不安。

當天，我對同仁作出一些警示，認爲傳染病爆發即將出現。他們反應不一，有些二話不說地緊張起來，立即為公司業務和自己生活啓動緊急應對，有些人認爲整體情況樂觀，完全不理解我緊張什麽和建議我輕鬆點。這時，我做了一個從上而下的決定，立即啓動營運持續管理模式，確保為醫療機構提供不間斷服務。或許，我們是全台其中一家最早走進這種營運模式的企業。

不久後，第一波疫情爆發，各大醫療機構高度戒備，我們面對一場真正的考驗。我們是新冠肺炎檢驗工具的供應商，前線同仁需走進各指定醫療機構協助相關技術支援工作，承受一定程度的風險。他們過了一個不一般的春節假期，遠離家人，走進醫療機構，配合同樣在努力工作的醫檢師。同仁與醫檢師一起展現社會責任，承擔社會期望，配合政府和醫療機構執行防疫工作。他們非常敬業，也展現出龐大的使命感，與他們爲伍感到非常驕傲。這時，我明白使命感是發自同仁和醫檢師內心的一股激情，也是激勵團隊的一大動力。

同仁們的使命感不只在工作上，也用愛心來表達。我們了解到一些生活在原住民村落的小朋友，其家庭的經濟狀況被疫情嚴重打擊，過往對他們提供支持的企業，也因疫情導致經濟狀況不明朗，打亂了一直以來的部署，暫緩支持。這些部落因而大受打擊，小朋友的日常溫飽突然間成為問題。我們看到這狀況後非常關心，動員資助一批補助家庭小朋友兩個月的餐費。此外，我們向農務機構採購了大量農產品禮包，協助食物銀行製作幾千份食物包，盡量幫助弱勢族群度過難關。

如果與其他地區比較，二〇二〇年的疫情在台灣都控制在可追溯和可控範圍內，也快速地過去，社會平穩下來，生活恢復正常。經歷過這一波壓力，這些幕後英雄可以短暫休息。但是，他們的工作沒有完全停下來，仍規畫如何因應下一波疫情，協助相關醫院超前部署，配置大量相關醫療器材，進行了相關的培訓和模擬演練。

另一波的轉折

二〇二一年年中，疫情突然出現了激烈的變化，在北部發生廣泛的感染，整個社會緊繃起來，彷彿感染者無處不在，總有一個在周邊，不少民眾處於惶恐狀態。這大爆發來得突然、快速和猛烈，從媒體上看到，整個防疫的基礎建設、人員和供應鏈即時緊繃起來。這時，對防疫相關的物資需求爆發性增加，我們的電話被各醫院的客戶打爆，他們希望我們用最快的速度把最大量的物資送達醫院。

中央流行疫情指揮中心宣布：台北市和新北市提升疫情警戒至第三級。短時間內，醫院一下子把我們在台灣本地倉庫的庫存一掃而空。院長打電話給我要物資，也跟我說：「總經理，抱歉，我們醫院最近壓力極大，爲了供貨的事情責罵了你的員工。」我總是回應：「不會，防疫責任重大，醫院承受社會巨大壓力和期望，我們最近習慣了，也能理解，大家一起努力守護民眾健康，我們全力以赴供貨。」的確，同仁非常理解醫院的狀況，也沒有責怪任何人，眼前就只有使命感大爆發。

我們聯繫上航空公司和物流公司的董事長，他們給予我們最大力度的支持，在他們的熱心幫忙下，我們公司在幾週的時間，運送上千公噸防疫物資到台灣，龐大貨物量把負責海關的物流同仁弄得暈頭轉向，好不容易才把貨物成功清關和入庫。隨後，他們還需要把產品分門別類、電子入檔，然後把相關的產品挑選出來，快馬加鞭分配給醫院。我也看到內勤供應鏈同仁們二十四小時工作，前線的同仁則穿梭各大醫院，大家的使命感讓我非常感動。

這一波大爆發帶給醫院管理層、眾多部門和醫檢師巨大壓力和焦慮，他們真的是辛苦了，可是他們並不孤單，我們都在默默地支持他們。我親眼所見，從航空公司、物流商、社會有影響力的人士、醫院高層、醫院各部門、醫檢師到我們的前線和後勤同仁，爲了守護民眾、朋友、家人和自己的健康，展現出偉大的決心和團結，相互關懷和愛護，維持著在高壓下的動能。

疫情並沒有把大家分割開來，眼前的人和事體現出相互之間的鼓勵，人與人之間的高度關懷建立了起來，在每個人的共同努力下，防疫沒有一面倒，沒有拉開大家的距離，反而我們的團結展現出自豪和同理心。

如果說疫情初期展現出來的使命感是熱身，那麼後來嚴重疫情階段時的使命感真的是大爆發了，我深深被感動。

回想這經歷，大家的使命感連環爆發，對社會、家人和朋友的承諾、付出和貢獻，並非能用筆墨可形容。

這一切啓蒙了我，我的使命感是什麽？我將來能做什麽？別人對我有什麽期盼？

行塑未來：下一個十年

繼續往前進

劉若英的《繼續——給十五歲的自己》寫道，人要有夢想，勇敢的夢想，瘋狂的夢想，繼續走下去，繼續往前進。

生活在台北的天母，在磺溪漫步，觀察水的動態，讓我看見自己。水隨地形流動，克服石頭、沙石、植物、分水嶺等障礙，迂迴曲折，勇敢地往前進。成長過程中，經歷過兩次迷惘階段，兒童時期從小學轉中學的困惑，初創失敗後的失落和擔憂，我選擇自己的路，克服各種困惑和挫折。在不同的人生階段，我擺脫別人衡量成功或失敗的眼光，沒有一個既定必走的路，只因我有夢想，勇敢的夢想，勇敢地往前進。

童年時的我從來沒有想過將來可以這麼自由，走得這麼遠，揮灑空間可以如此寬廣。學習敏捷度的出現，並伴隨著我成長，協助我應對困難和新處境，如水般的無形和靈活，帶我走進遼闊的世界。

現在我面對人生第三個迷惘階段。不一樣的是，前兩個迷惘階段是處於負面的心理狀態下求出路，現在這個迷惘階段是生活在台灣，被生活體驗和周邊人的一舉一動所推動，在正面的心理狀態下摸索自己的未來動向。我繼續走下去，繼續往前進，如磧溪裡的水，雖然不知前路狀況，最終還是走向更遠的地方。

在台灣生活的這三年，發生在社會的事，觀測到周邊的人，積壓在內心的感受，交叉互動地影響我對未來的看法和規畫，亦促使我寫這本書。寫書的過程，讓我有機會認真地分析過去，更加認識今天的自己，帶來了種種思維上的刺激，主動地問自己不少問題。未來我想做一個什麼樣的我？可以做什麼貢獻？

跟其他人一樣，身爲社會的一份子，我每一天的生活和工作對社會都構成影響力（impact）。繼續往前進，我會帶來更大的影響力嗎？這不確定，要看我有什麼夢想，縱使我有勇敢的夢想、瘋狂的夢想，也要看我是否成功。這幾年在台灣的生活，讓我比較容易明瞭我未來追求什麼夢想，在哪裡構建我的夢想，影響力的預測並不是重點。

有一天，我參加一個在台北的高峰論壇，得到了一些啓發，演講者來自一家過去十多年快速創新和改變了不少行業面貌的國際企業，她分享了他們企業的經營理念，就像飛輪一樣，最艱辛的就是起步這一刻，如何在短時間內把飛輪動起來。他們摸索了一些顛覆性的做法，勇敢地克服了這一步，啓動了飛輪的動能，動力隨之而來。然後他們適當地添加創意、調控和動力，這飛輪將持續增加動能，能量源源不絕的釋放出來，在短短二十年成爲全球最大企業之一。

我看到的台灣，是一個混合體，基礎建設、農業和天然資源的應用像一個發展中經濟體系，民間的科技發展卻是成熟經濟體系的典範，成爲全球高科技產業鏈中，從關鍵的核心零件、精準的零配件、電子產品代工到通訊產品，扮演的角色越來越舉足輕重，多個領域也是世界第一。

有人說台積電是台灣的唯一，我不認同，我會說台積電以及爲數不少的高科技產業鏈企業，已經證明了台灣在世界高科技發展有一定的發展空間，已經承擔了世界科技發展舉足輕重的地位，為台灣經濟帶來了巨大貢獻。政府或許不會認同我對基礎建設和民間科技的看法，我與本地人聊天時，有部分人也有類似的觀點。

活力充沛的飛輪——台灣

台灣的基礎面真的不錯，民間的創新能力強大，活力充沛。事實上，台灣在世界某些領域都是名列前茅，從發明專利數到世界經濟論壇和歐洲工商管理學院（INSEAD）發布的《全球資訊技術報告》世界資訊科技，都在全球各經濟體系中前十名。我看到台灣正在從傳統的硬體、代工製造、實體和單一產品等成功領域，逐步走向更高毛利和競爭力的軟體、自主品牌、虛擬商務、數位經濟、大數據、人工智能和生態圈等創新領域發展。由此，半導體、五G數位化通訊產業、醫療科技產業、再生能源產業和關鍵物資供應等核心戰略產業，也隨之穩步成長。

我想，台灣就是一顆飛輪，過去幾十年的經濟發展，讓這飛輪吸收了能量，讓它高速地轉動。然而隨著全球化競爭日益激烈，全球市場環境變遷，台灣高科技產業面對沉重壓力，面對著眼前的不明朗，這飛輪的後續驅動力出現不確定因素。要讓這飛輪繼續高速轉動，就得依靠創新、經濟轉型和產業提升，配合相關的政策和人才集聚。這樣，飛輪才得以源源不絕地釋放出動力，讓經濟發展繼續壯大。

台灣很特別，老一代的高產值企業家把東方的產業繼承文化與西方的科技培養理念結合起來，把他們的下一代培養成爲科技界產業達人。他們大多擁有高學歷，滿懷理想，具備國際視野和人脈，回到家族企業後，決心發展新的突破，推動更高毛利和更具競爭力的科技產品和解決方案。

高科技產業需要巨大的投資、耐心和風險偏好，這些企業具備財力，下一代掌門人擁有相關高學歷和經驗，構造出一個具備競爭力和野心的組合。我認識一些二代，感受到他們的活力和資源，對他們寄予厚望。我也曾經被邀請參與企業繼承活動作爲講者，一如所料，一代和二代的目標、想法和執行理念沒有先天的一致性，這也不妨礙需要繼承的現實。

全球的高科技遊戲規則正在改寫，台灣適時地應對未來的變局，默默地參與其中，我沒有理由對台灣的未來沒有信心。我深信，台灣這個經濟飛輪，其後續驅動力已經逐步成形，自然地釋放出額外的動力，推動著整體社會的進一步發展和建設。我亦深信，生活在台灣的年輕人，只要具備相關學歷和技能，加上努力、拚勁和決心，眼前充滿著機會。在良性循環下，這飛輪不斷吸收新的驅動力，源源不絕把更多能量釋放出來。這飛輪不會停下來，社會充滿希望，年輕人充滿機會，正當整體社會正在努力對世界發揮更大影響力時，年輕人也可以透過這機會發揮個人的影響力。

這飛輪不斷吸收源源不絕的動能，我希望自己會參與其中，貢獻我的知識、經驗、激情和想像力。

想像力比知識和經驗更重要

旁人會認爲我的知識和經驗是重要資產，讓我做出貢獻。但是，有多少人考慮到這些也可以是我的負資產呢？

波克夏．海瑟威公司（Berkshire Hathaway）副董事長查爾斯．托馬斯．蒙格（Charles Thomas Munger）怎麼看知識和經驗呢？他是一個成功的企業家和投資者，也是一名公認的通才，擁有盛名的處世智慧，他發表過不少演說，聽眾從他身上領悟到不少做人處事的技巧。許多原因讓蒙格成爲商業社會頂尖的成功人士，其中包括他非常懂得如何摧毀自己的想法和勇於承認犯錯，適量地使用知識和經驗，給予自己學習空間和建立成長思維。他懂得避免受制於過往的成果，不讓傲慢變成堅持自己想法的誘因，減少看清大局和前景的障礙。

蒙格的理念讓我想到，無論一個人有多高深的學識和無數成功經驗，犯錯總是不可避免的。大部分的錯誤並非致命性，然而，不懂得處理心理否定，不承認錯誤，把責任推給別人，這往往讓人走進失敗的道路。

如果一個人受到一、兩個固定的思維模式所限，不是現實被扭曲，就是直到現實符合這人的思維模式。我要追求的是多元思維模式，它可以把各種理論和學科融會貫通，構成聯繫關係，配合過往的知識和經驗，全面性地解決問題，讓我取得成功。我可以在知識和經驗與學習中找到一個平衡，讓我每一天都在進步。

與許多人一樣，我相信知識和經驗非常寶貴，每一天的生活、工作或讀書都依賴知識和經驗才能夠有效進行，我們的腦袋和肌肉也是依賴過去的經驗來做出常規的反應，這些觀點應該沒什麼爭議。然而，如何把知識和經驗適量地用得其所卻是一個高度的學問。使用程度上有沒有上限？有沒有方法可以讓我們更聰明地使用？我相信「物極必反」是萬物的基礎理論，知識和經驗的過度使用會對想像力構成衝擊，妨礙成長思維。知識和經驗是無窮無盡的，在良好的認知狀態下，每一個人的每一天也有新的學習機會，使用與學習的關係可以是相互配合，也可以是相互抵觸。

我也深信阿爾伯特．愛因斯坦的名言「想像力比知識更重要」。事實上，人類今天的生活已經超出了自我的想像，網際網路和行動通訊演變出來的產物就是活生生的例子。

試問：在愛因斯坦的年代，有誰能想像到我們今天享受的網際網路和行動通訊服務？「只要有夢想，凡事可成真」，這一句是上世紀九〇年代某一家以香港為基地的電信商的廣告口號，至今仍是香港好幾代人的集體回憶。我深信這真理，縱使是一個普通人，有夢想有想像力就有機會，爲了創造想像力和夢想，我愛崇尚無邊際的幻想，做做白日夢又何妨？

我們有沒有無邊際的幻想，甚至做白日夢的機會，現實中卻是充滿了限制，兒童和年輕人無拘無束的想像力，成年人習慣性被生活體驗、壓力和責任的擠壓，這兩者的矛盾往往出現在彼此的互動中。我成長在傳統的亞洲人社會，從小就觀察到一個情況，無論是學校裡的老師、長輩，總是鼓勵年輕人要有理想，但是當年輕人展現出勇氣，毫無保留地表達自己的夢想後，卻被長輩和老師批評為不切實際或是做白日夢。

到底誰可以界定夢想與白日夢?又如何去界定?解答這些問題並不容易,也往往被我們的知識和經驗所限制,做出了誤判。我們並不知道我們不知道什麼(You don't know what you don't know)就是最常見的限制之一,我們不知道已經發生的事情多不勝數,也不知道未來會發生什麼事情,科技的進步也是幾何級發展。如果在這種情況下對未來做判斷,是否有點可惜?

這年代乘坐民航飛機,我們已經可以到達平流層的下界,即距離地表十公里處,這對我來說是一個可以輕易實現的夢想。如果我出生在一百多年前,兒童時的我提出這夢想,別人可能說我在做白日夢,但當我踏入老年時,民航飛機已經可以把我帶進平流層,夢想實現了。所以,這不是白日夢,是一個可以達成的夢想,只是當時大家沒有想到未來科技發展和普及。飛出地球大氣層呢?活在這個年代,只要努力一點再加點運氣,參與太空計畫,或者等待未來的太空商業旅遊,這也可以是一個夢想,並非白日夢。

我堅信,想像力比知識和經驗更重要,無論一個人有多高深的學識和無數成功經驗，學習的空間還是無窮無盡，不知道的知識遠比知道的多。人類今天的生活已經超出了過去的想像，縱使你是一個普通人，有想像力就有機會。世界的未來屬於年輕人，不要隨意界定白日夢和夢想，未來掌握在你的手裡。

寫書的過程中，我回顧兒童年代面對家族歷史的迷惘，如何激發人生敏捷度，獨自出走八百多年的家族原居民聚居地，一步一步走到英國劍橋。在這個地靈人傑的地方被博士導師和傳奇科學家啓蒙，敢於推測未來世界的變化和參與初創。失敗後，進入人生第二次迷惘，從失敗中脫身，投入新的事業，成爲一個職業經理人，參與生技業的顛覆性工作。這些都不是白日夢，是已經發生的夢想。搬進台北後，人生再次獲得啓蒙，好奇心的引爆讓我迷惘，身邊無數人的使命感激發了我對未來的夢想，思考我的下一個十年。

在這個年代，適者生存的重要性尤其明顯，社會發展繼續走向兩極化，帶來什麼啓示？我可以做什麼？隨著科技的進步，生活模式繼續演變中，是否理所當然地帶給人類更優越的健康管理？在未來的十年，我相信這些話題與社會大部分人息息相關，我有什麼期盼？我不想被動地等待，我打算以探索的態度去參與，一邊學習，一邊產生影響力。

適者生存二・〇

疫情大爆發初期，全球人類做了一個近代最大規模的社會實驗，各地的經濟活動緩慢下來，常規的生產活動減少，生活節奏出現巨大變化，大部分時間待在家裡，縮小活動範圍，外出消費頻率降低。當時，大家不約而同地表示空氣品質突然間變好了，目測過去幾年霧霾已經成為常態的地方突然間藍天多了，一直以來擁有優質空氣的地方也變得格外清新，全球各地民眾呼吸到潔淨的空氣。在家裡看新聞和網站，我看到眼前一亮的客觀證據，人造衛星影像發現空氣中污染物和二氧化碳濃度大幅下降，北印度境內居民看到睽違三十年的喜馬拉雅山諸多山峰，威尼斯水道的自然生態和物種重現，大量的海龜回歸旅遊勝地的沙灘產卵。

疫情突發地出現，人類和肉眼看得見的動植物快速做出回應，我讚嘆這種適應能力。各物種之間的競爭沒有停下來，病毒也在不斷地變異，以適應人類生活模式的改變和疫苗的出現。在未來幾個月、幾年、幾十年，它們之間的競爭繼續存在，各爲其主，但是卻有一個共同目標——生存。

達爾文是舉世知名的生物學家，他最影響深遠的科學研究就是進化論，他的名言：「物競天擇，最終能生存下來的物種，不是最強的，也不是最聰明的，而是最能適應改變的物種。」這理論指出所有物種都是從少數共同祖先演化而來，解釋了適應的來源，成爲現代演化思想的基礎。大自然是經過數以億年進化的一個平衡，人類只是大自然的一部分，也是透過幾千萬年進化出來的一種物種，人類的適應能力不容置疑。

我不知道達爾文有沒有預想到後人如何演繹適者生存？怎麼才算是「最能適應改變」？人類的主流集體智慧和歷史行爲一直被「適者生存」所引領，他有沒有想到近代社會，各行各業以及生活的每一個環節充滿了激烈的競爭，部分人類爲了快速地獲取經濟利益和達到想要的發展格局，不計社會和環境成本地去追求目的，以「適應」這現實的世界，在經濟主導的環境中生存。

經濟變化的社會考驗

在過去二十年，各國政府爲了「生存」，把巨額資金注入銀行體系，以提高實體經濟環境中的貨幣供應量和流動性，即間接增印鈔票，金融海嘯後採用的量化寬鬆（Quantitative easing）更爲明顯。

正當各國以龜速的方法從量化寬鬆中退市，全球疫情大流行時，重啓新一輪量化寬鬆，試圖力挽狂瀾。在媒體上看到量化寬鬆帶來龐大的熱錢在世界每一個角落流動著，所到之處必然把房價和商品價格等炒高。眾多經濟學專家，包括二〇〇八年諾貝爾經濟學獎得主克魯曼（Paul Robin Krugman）表示，經濟呈現「K型復甦」，快速上漲的股市價格及頂層階級的財富，與實體經濟狀況脫節，與此同時，底層階級實際所得不斷下滑，生活越來越艱苦。

貧富懸殊不斷擴大，這些想像已經折射到一些常見的社會現象，如購屋的負擔越來越大，畢業生的薪水負擔不起都市生活，社會的經濟壓力轉移到小孩的教育觀念等等。漸漸地，世界各地陸續出現一些新名詞，如「成果靠父幹」，「贏在起跑點前」，甚至「贏在射精前」。家庭經濟地位差距，不只影響兒童的基本生活和學業，也呈現在社會的互動上和社會智能發展，最終影響到他們日後的命運。無論身處何處，我都觀察到這種社會狀況，不一樣的只是嚴重程度上的差異。

雖然台灣是一個經濟發達體系，但是我們面對著許許多多的社會經濟問題，如弱勢家庭的兒童處境，年輕人低薪現象，成年人就業困難等。我經常看到報導，在台灣爲數不少的受薪家庭要省吃儉用過日子。這種種社會狀況就是適者生存的演繹嗎？

近年網購興起，爲了「適應」這改變，商業參與者在過程中增加了大量用完即棄的材料，以達到這種商業模式的演變和企業競爭力，以及滿足客戶的便利、體驗和滿意度。海洋環保組織歐欣納（Oceana）稱全球某領先電商在二〇一九年生成的塑料包裝垃圾達二．一一億公斤，足以圍繞地球五百圈。疫情發生後，人類爲了「適應」新的生活模式，進一步促進了多元化網購服務，網路購物成為生活新常態。

疫情期間，油價有一段時間大幅下跌，循環再造較新製塑膠產品的成本高出甚多，廠商爲了「適應」改變，減少循環再造，塑膠廢物氾濫成災。經濟發展與環境保護的矛盾，正在讓地球走進臨界點。

不少人認爲，出現人類集體智慧，有效地解決經濟發展與環境保護的矛盾的可能性不高。同樣地，我對這觀點有保留，因爲我已經親眼看到其實際存在。

環保能源的重要性

我在德國巴伐利亞一個小鎮生活過半年，德國人對大自然的尊重、關心和熱愛，讓我留下深刻印象。這個國家的都市綠化率甚高，環境保護與自然生態保育的態度融合到一般人日常生活中，高度重視可持續經濟發展，是再生能源大國，對於發展再生能源的決心是全球名列前茅。

德國政府的雄心壯志獲得社會的理解和大力支持，市民在生活模式上也全面配合，太陽能發電（光伏發電）設施和使用的普及性就是一個例子。在德國，太陽能發電和輸送模式雛形已經大致建立起來，太陽能發電占了德國總體發電量大約百分之七，這成就足以讓整個社會感到驕傲。

在巴伐利亞一個小鎮居住時，看到很大比例的家庭都安裝了各式各樣的太陽能發電裝備，比較簡單的就是在屋頂放置一大塊光伏電板，規模大一點的就是整個屋頂都被光伏電板覆蓋著。把太陽能發電融合到日常生活模式並不是這個小鎮特有，我從巴伐利亞這個小鎮坐火車到慕尼黑，一直往西北走，經過司徒加特到達法蘭克福，沿路上都是各式各樣的家庭太陽能發電裝備。再者，在德國有大量規模龐大的太陽能發電公園（solar park），作爲集中化發電，把電力輸送到網路，只是一般開車和坐火車比較難直接看見，這成就得來不易，社會和公民意識非常關鍵。

再生能源這個領域，尤其是太陽能發電發展速度非常的快，可說是日新月異。目前百分之七的電力貢獻並非最終目標，德國能走多快多遠，關鍵在於是否能夠克服一連串的困難與挑戰。雖然太陽能發電已經成爲德國約一半聯邦州內居民生活模式的一部分，但是經濟效益是一根本關鍵。政府如何透過政策持續性地推動民眾集體智慧，克服傳統適者生存的概念，讓更多民眾、商人和從業員投入這個行業。

這種集體智慧不僅只於西方社會，東方社會也有。記得二〇〇一年時，我長時間逗留北京，經歷了最少三、四回大型沙塵暴，早上起來時，房屋、路和車都被黃黃的塵土覆蓋，一踏出飯店門口黃沙立即隨著大風吹進眼耳口鼻。還記得當年住在北京朝陽區，每天清晨看到大量的民工忙著植樹，我在北京看到的只是整個工程的一部分，植樹一直不斷在大陸北部和西北部進行。現在無論從北京市區出發到北京國際機場，以及周邊的城鎮和省分，都是這類井井有條和非常規律的樹林。

過去幾年，我頻繁乘坐大陸高鐵，尤其是從武漢、鄭州到北京的這條路線。讓我驚嘆的是這全長約一千一百公里的鐵路，大部分路段的兩旁都是樹林，或者樹林交叉著農地和城鎮。這些如北京國際機場附近的樹林一樣井井有條，每一顆樹的高度和相隔位置非常規律，很明顯是人工樹林，栽種面積以及整個工程之浩大，實在難以形容，這應該是過去二十年大規模植樹計畫的努力成果。據稱，大陸北部和西北部新增綠化面積達到四分之一個亞馬遜雨林，構成了全球最大的人工規畫出來的碳匯（碳吸儲庫），直接降低大氣中的二氧化碳濃度，這壯舉對全球氣候有重大意義，也體現了人類的決心。

周星馳二〇一六年作品《美人魚》，透過人類和人魚的戀曲，刻畫出人類對大自然的責任，帶出大自然為萬物提供了居所，人類要懂得如何與其他物種共同生存在地球上，才能活得幸福長久。電影最後，男主角說了一句台詞：「如果世界上連一滴乾淨的水，一口乾淨的空氣都沒有，掙再多的錢又有什麼意義。」

追求經濟發展是理所當然的事，速度和競爭力是決勝關鍵，可是，如果決策者和參與者套用「物競天擇，適者生存」作爲核心理念，盲目地追求目標，把環境和社會責任等考慮放在次一等位置，地球和各物種（包括人類）該如何承受？我認爲事在人爲，我們有選擇，我親眼看過不少的偉大集體行爲，強大的集體意志讓人做到更多「不可能的可能」。

適者生存是物種的本能，但是我們極度需要一個「二・〇版本」，讓更多民眾對適者生存態度的光譜往更具負責任和同情心的方向移動。二〇二一年，我看到一個感人的故事，一所全校不到四十人的山上國小，儘管資源欠缺、人手不足，卻擋不住他們的籃球夢，在眾多熱心人士的支持和鼓勵下，在全台籃球錦標賽決賽拿下冠軍，譜下傳奇。這證明了，只要給予機會，弱勢的兒童可以發光發亮，行塑自己的未來。縱使素不相識，我的願景是小孩有足夠的食物和機會，民眾多點溫暖的舉動，讓他們感受到溫情，日後若有能力，也多關心和幫助別人。

環境危機已經出現在眼前，貧富差距走向K型兩極，我們的集體智慧該何去何從？我依然相信，人的本能就是在競爭中生存，所以「物競天擇，適者生存」將繼續主導人類的行爲。我看到不少驚人的集體智慧和決心，也感受大量個人的責任和同情心，現在，我看到人類具備更多的知識、科技、工具和能力。我有理由相信，「物競天擇，適者生存二・〇」不是天方夜譚，這競爭中生存的理念有稍作修正的空間，我希望在未來的十年能夠身體力行探索這「二・〇版本」，演繹達爾文的偉大理論。

病患體驗烏托邦

搬到台北天母後，我才知道，這區域林立了各大醫療相關單位，包括台北榮民總醫院、振興醫院、台北護理健康大學、北投區健康服務中心、台北市政府衛生局檢驗科、大大小小的診所和藥局，構成一個與醫療相關的社區。住下來後更發現，社區裡超過一半住戶的家人都是從事醫護行業，巧合地搬進來這個醫療生活圈，頓然覺得好有歸屬感和緣分，也快速融入社區，每天看到穿梭來往的醫護和病患。

每一個人都曾經是病患，這只是發生時間、頻率、病種和嚴重程度的差異。患病時，你我想什麼？去哪裡看病？看哪一位醫師？用什麼方式治療或藥品最有效？做什麼可以舒服點？這些問題非常直截了當，答案看來也可以非常簡單。或許在民眾眼裡，哪家醫療機構、哪位醫師、採用什麼治療或藥品，對病患是最關鍵部分。告訴你一個絕大多數人不知道的事，診療背後的實情可能是遠遠超出一般民眾的想像和理解，牽連到的環節比一般民眾的認知複雜N倍。

這就是病患體驗，一個近年越來越多人關注的跨領域題目，其最終目標就是有效率地讓病患獲得合適的診療，病患獲得安心的感受，醫療系統達到高成本效益。具體一點來說，就是一個患者從確診前、確診後、治療過程到康復階段的個人體驗。典型的過程就是從出現症狀，醫師看診和確診，然後透過一系列的臨床判斷、治療方案、治療效果、康復機率和生活質量。病患經歷這個繁瑣的過程，所獲得的主觀感受和客觀的待遇，這一切就是病患體驗。

醫療再進化

以一名不幸的癌症病患爲例，在以上描述的過程中，每一個環節也需要面對等待時間，主動上網或與家人朋友探討有什麼治療方案，治療費用和負擔能力的考慮，可能出現什麼副作用，心理、經濟和社交上的焦慮和壓力等。另一方面，主治醫師需要面對大量的病患，對每位病患獨立分析跨部門的臨床數據，探討治療決策，與病患溝通治療細節、費用和時間。病患多方面的考慮，醫師的專業判斷和醫院內部流程，這些構成了病患體驗的具體細節。在這過程中，有多少時間和環節是費時費事？有多少低效率的溝通？有多少的關鍵因素被忽略？

因此，在實際社會中，就算在最頂尖的醫療機構，被最優秀的醫護照顧，病患體驗有龐大的提升空間，有遠見的監管部門決策者、醫療機構的管理層、各醫院專業部門的同仁都在努力中。病患感受到他們的努力嗎？多多少少是有的。問題是，這題目異常的複雜，牽連甚廣，不是一朝一夕的工作。再者，病患體驗提升是一個過程，沒有終點，要求隨著時間而提高。我也知道，目前大量的人力物力，包括醫院、醫護專業團體、病患團體、政府部門、保險機構、醫療企業、初創等，已經投入大量的時間和資源在這個目標。

先從治療說起，科技的進步讓科學家對各種疾病有更大的了解，發現大量基因、蛋白和細胞層面的致病原因。有了這些訊息，科學家逐步開發出突破性的藥物，對疾病進行針對性療法，提高有效性和降低副作用，也減少醫療資源浪費。這就是精準醫療或個性化醫療。比如肺癌，醫師可以將肺癌病例，按照其致病原因，預測對各類型治療的反應和風險，為個體患者量身訂製醫療決策、實踐和干預。

個性化醫療是一個非常偉大的醫學發展，但是需要用上各式各樣的臨床數據，比如基因測序、細胞和組織測試、臨床影像等。基因測序產生大量數據分析，需要用到專業雲端計算平台，加上各類型的臨床數據，這往往需要各種領域的專家參與對病患治療方案的決策流程。因此，大數據臨床決策管理平台將成爲趨勢，幫助醫師對病患作出醫療決策，提高效率。對病患來說，大數據臨床決策管理平台能幫助他們盡快獲得合適的治療，減少等待時間，提高治療效益，減少不必要的醫療服務和費用。

隨著高效的臨床決策流程和個性化醫療的出現，醫院對病患照護的品質也不斷提升，目前只是剛開始，這也是一條漫長和沒有終點的路，只有更好，沒有最好。病患體驗這題目牽連甚廣，有大量的工作是在醫院外進行，以醫療服務的准入爲例，每一個經濟體系擁有它自己的監管和健保系統，獨立地對每一種醫療產品進行審核和監管。

這意味著，擁有最先進醫療產品的企業需要動用大量資源和時間，在每一個經濟體系進行准入的臨床研究和申報，隨後才可以使用在當地的病患身上。雖然這個監管過程是必要的，也是對病患的一個保障，優化中的國際機制能讓病患更快的使用到最新和最精準的治療。

數位化也正在改變醫療體系和病患體驗，從能夠改變和加快醫療決策的醫療大數據，到改變看診模式的遠程醫療，顛覆性的事情正在發生。透過資訊系統和大數據，讓醫師對病患的診斷和醫療決策更準確和更快速，縮短病患等候時間和精神上的壓力，讓每一分投入到醫療系統的錢更物有所值，帶給醫護和病患更高價值。我深信，透過資訊系統和大數據能加快顛覆傳統病患體驗，這是我可實現的夢想，並不是白日夢。

從生活和工作上，我見過無數的病患，我自己也是病患，我追求一個什麼的病患體驗？我可以為病患做什麼？我可以做出什麼貢獻？我懷著這份使命，需要繼續努力，參與到提升病患體驗這龐大和無盡的領域，擁抱好奇心，繼續欣賞成長思維。

在好奇心的驅動下，寫出這本書，與大家分享了我的歷程，說出來我的夢想。許多人眼裡，適者生存二·〇和病患體驗烏托邦是白日夢，是瘋狂的夢想。或許，十年後的我會爲此感到自豪。

後記

準備出版這本書的最後階段，我人在首爾。

跨國企業的地區分公司高管往往不是一個長期固定的位置，每三至五年轉換一個地區是一個相當普遍的做法。這鼓勵多元（diversity）和包容（inclusion），新的人事安排也能為團隊帶來新的啓發，找出盲點，以便將分公司的發展提升到更高的層次。

當然，韓國分公司總經理這機會出現時，我是有選擇的，可走可不走，沒有人逼我離開台北。韓國是全球十大市場，許多方面在全球名列前茅，如研發經費佔 GDP 百分比、創新能力、第五代（5G）流動通訊服務覆蓋率、人才庫等等。我還記得過去十多年一直引導我的前輩劉耀坤先生給我的在跨國企業發展的忠告，在同一個位置上不要待太久，職位調動是必然發生，要主動爭取，否則就是被動離開。綜合諸多考量，我做了前往首爾市的決定。

回顧過去幾年與台灣分公司同仁一起走過的路，有苦有樂，取得了許許多多的突破和成就，為社會做出巨大貢獻。問我離開這讓我驕傲的團隊，有沒有遺憾？說不上是遺憾，也許就是一大堆沒有完成的工作。其實，我們沒有完成工作的一天，這就是一家擁有一百二十五年歷史企業接班人規畫的一部分，是繼往開來的重要一步，確保可持續發展。因此，我必須放得下，迅速做到「不在其位，不謀其政」，沒有我的日子，台灣分公司可以做得更出色。

在台灣的這幾年，我在社會各階層結交了不少好朋友。他們見證了我在台灣的成績，他們鼓勵我到韓國這個更大和複雜的市場鍛鍊自己，認識更多的人和事，他們歡送我，我鼓起勇氣離開台灣這舒適圈接受新挑戰。我行塑未來，繼續往前進。

我有一些在台灣沒有完成的個人目標，包括這一本寫給台灣年輕人的書。我還沒拿到機車駕照，我不是追求《追夢人》裡劉德華的浪漫，我只想進一步體驗台灣的特色生活。我熱愛台灣的生活，緣分還在，今天的暫離，是為了準備未來回來生活。目前，我需要在其他地區繼續走下去，繼續往前進，繼續歷練，有一天，我想帶著更多的經驗回來，做更多的貢獻，我也想享受台灣的優質生活。

人生的確是充滿了巧合，我學業和職業發展過程中也出現了不少「貴人」，我的博士導師 Alan Fersht 爵士、給予我畢業後第一份工作的甘先生、鼓勵我加入大型跨國企業的彭曉明先生和劉耀坤先生、近年在我事業發展給予莫大信任和支持的 Mr. Lance Little、Ms. Agnes Ho 和 Mr. Wong Fatt-Heng，衷心感謝他們。

剛抵達首爾時，正值寒冬，天氣異常乾燥，最低濕度不到百分之二十，雙手極為乾燥，不斷塗抹潤膚露。回想兒時，母親每天做家務和工作，缺乏保養身體，每到冬天雙手皮膚龜裂甚至出血，我現在的皮膚問題實在是微不足道。寫這本書的過程中，我在香港的高齡母親突然住院，安詳離開，曾敏英副總編輯寫上：媽媽的愛今後還是會一路陪著你往前走。

我相信，母親的「辛勤」今後也會伴隨著我。母親是另一族群的原居民，成長於郊區，兒時只接受過非常短暫的學校教育，她沒有說過高深的名言佳句，只有簡單地強調勤勞而肯於吃苦，這也是她的個性。

未來，「辛勤」是母親對我的期許，也是給予我的一個簡單目標。

翻轉思維的人生學程

國家圖書館出版品預行編目（CIP）資料

翻轉思維的人生學程／鄧傑成著. -- 初版. -- 台北市：
健行文化出版事業有限公司出版：九歌出版社有限公司
發行，2022.10
面； 公分. --(Y 角度；28)
ISBN 978-626-96057-9-8（平裝）

1.CST: 鄧傑成 2.CST: 傳記 3.CST: 香港特別行政區
782.887 111013927

作　者——鄧傑成
責任編輯——曾敏英
發 行 人——蔡澤蘋
出　版——健行文化出版事業有限公司
台北市 105 八德路 3 段 12 巷 57 弄 40 號
電話／02-25776564・傳真／02-25789205
郵政劃撥／0112295-1

九歌文學網 www.chiuko.com.tw

印　刷——晨捷印製股份有限公司
法律顧問——龍躍天律師・蕭雄淋律師・董安丹律師
發　行——九歌出版社有限公司
台北市 105 八德路 3 段 12 巷 57 弄 40 號
電話／02-25776564・傳真／02-25789205

初　版——2022 年 10 月
定　價——350 元
書　號——0201028
I S B N——978-626-96057-9-8
9786267207000(PDF)